Panduan Investasi di WallStreet

AR Bahry

ISBN 978-0-9892988-3-4

2014

Panduan Investasi di WallStreet

ISBN 978-0-9892988-3-4

Penghargaan

Kepada novie, zaki, zaka, lia and fiki

A special acknowledgment is attributed to:

createspace.com and amazon.com

A special gratitude for the colleagues suggesting
me to write a similar book in English or translate
it into English.

DAFTAR ISI

Pengantar Terbitan Kedua

*Gagasan utama isi buku ini pertama kali diunggah oleh penulis di laman yamoez·com tahun 2010 pada saat index Dow Jones baru mencapai sekitar 10·500 points· Sayang sekali, hanya sedikit peminatnya· Laman tersebut telah kadaluwarsa dan tidak diperpanjang, sebagai gantinya maka buku ini diterbitkan dengan judul "**Panduan Investasi di Wall Street**" dilengkapi ISBN sesuai aturan yang berlaku secara internasional·*

Memahami makna judul buku ini mungkin dapat membantu kita memahami isi pokoknya· Panduan adalah penuntun atau petunjuk, investasi adalah penanaman modal, dan Wall Street adalah bursa saham di New York, AS· Dengan demikian buku ini adalah "pedoman penanaman modal di bursa New York, AS·" Setiap penanam modal atau investor memerlukan buku ini; tidak hanya bagi mereka yang menanamkan modalnya di bursa New York, tetapi di bursa manapun termasuk Bursa Efek Jakarta (BEJ) karena prinsip dan mekanisme investasi di bursa adalah standar di seluruh dunia; kalaupun ada perbedaan hanyalah cabang, bukan pokok·

Pada saat buku ini dipersiapkan untuk dicetak, index Dow Jones telah melampaui 16·000· Sekiranya anda saat itu anda membeli saham unggulan Dow Jones, maka keuntungan anda sudah lebih dari 68 persen·

Terima kasih, Anda telah membaca buku ini·

Cleveland, OH USA
April 2014

ar.bahry@yahoo.com

PANDUAN INVESTASI DI WALL STREET

Inilah sebagian fakta yang diungkap dalam Buku Panduan ini:

1. Pemerintah AS meraup untung 40% dalam setahun dengan membeli saham swasta.
2. Harga saham perusahaan asuransi terkenal pada Juli 2009 $20/lembar, dan pada 27/04/2010 naik menjadi $40.39 per lembar, suatu kenaikan sebesar 100% dalam 9 bulan.
3. Harga saham perusahaan pembuat suku cadang mobil naik 375% hanya dalam sehari pada tanggal 26/02/2010 dan dalam setahun naik sebesar 4631%
4. Harga saham perusahaan hiburan/rekreasi naik sebesar 4950% dalam setahun.
5. Majalah TEMPO (*tempointeraktif.com*, 1 Desember 2009) mewartakan bahwa index harga saham Dow Jones dalam bulan Nopember 2009 naik 632 points atau 6,5%, apa maknanya?
6. Senin 21 Juni 2010 terjadi kejutan di bursa saham. Harga saham suatu perusahaan pertambangan mengalami *split-in* tetapi dalam satu hari harganya naik 20 kali lipat atau naik sebesar 2.000% (dua ribu persen).
7. Koran Republika (*republika.co.id*, 23 Juni 2010) memberitakan bahwa Index Dow Jones turun 148,89 poin (1,43 persen) menjadi 10.293,52. Apa maknanya bagi investor?
8. Manakala Anda membeli 10.000 lembar saham suatu perusahaan asuransi sebelum Pemerintah AS memberikan *bail-out*, dengan harga $0.60/lembar senilai Rp. 60 juta, maka beberapa bulan kemudian uang Anda telah menjadi Rp. 2 milyar.
9. Salah satu harga saham perusahaan milik Warren Buffett naik sebesar 66,32% dalam waktu hanya 8 bulan.
10. Keterangan: per 29/06/2010 Index Dow Jones 9.870,30 dan pada 4 April 2014 sudah menjadi 16.412,71 (enam belas ribu empat ratus dua belas lebih 71/100) points.

AR. Bahry
ar.bahry@yahoo.com

I. PENDAHULUAN

Dalam Buku Panduan ini kita mempelajari bagaimana caranya menjadi kaya secara halal melalui penanaman modal (investasi) di bursa dengan modal sederhana.

Adalah pilihan Anda untuk mencari penghasilan dengan berbagai cara, namun buku ini adalah hasil pengalaman memperoleh penghasilan dengan cepat dan halal. Seberapa besar keuntungan yang kita inginkan adalah tergantung modal, semakin besar modal semakin besar keuntungan. Anda tidak disarankan atau dilarang menggunakan modal sesuai keinginan anda. Buku ini adalah hasil dari pengalaman bertahun-tahun berinvestasi di bursa Wall Street New York melalui komputer dari rumah.

Sebagaimana telah kita maklumi, tujuan setiap perdagangan adalah "mendapat untung", membeli murah menjual mahal. Inilah prinsip ekonomi. Belum pernah terjadi sebelumnya harga saham begitu bergairah justru pada saat berada pada titik terendah setelah dilanda badai resesi. Dalam istilah ekonomi makro harga saham sedang pada kurva terbawah dalam grafik yang serupa dengan huruf U, V, W. Apa pula itu?

Seperti kita telah tahu bahwa huruf U adalah "garis lurus menuju ke bawah lalu mendatar sementara waktu untuk berbelok ke atas". Huruf V adalah "garis lurus yang miring ke bawah dan segera menukik ke atas", sedangkan huruf W adalah "garis lurus yang miring ke bawah diikuti pembelokan ke atas sementara lalu menukik lagi ke bawah untuk segera beranjak ke atas". Istilah-istilah dan pengetahuan yang disampaikan para pakar ekonomi telah diringkas sedemikian rupa sehingga mudah diikuti oleh orang awam.

Anda tidak perlu menjadi sarjana ekonomi, menyandang gelar MBA atau Doktor terlebih dahulu untuk menjadi pelaku bursa. Ingat berapa banyaknya sarjana ekonomi yang mengalami tekanan ekonomi. Apakah mereka tidak pernah mengenal kurva M, U, V dan W di bangku kuliah? Mereka sangat mengenalnya akan tetapi bagaimana menerapkannya menjadi uang tentu tidak semua sarjana ekonomi berkesempatan menjalankannya dengan baik, benar dan berhasil.

Ingatkah Anda ketika Prof. Mahfud MD dipanggil Presiden KH Abdurahman Wahid untuk diangkat menjadi Menteri Pertahanan?

Sang Professor semula menolak dengan alasan tidak ada latar belakang sebagai angota TNI/Polri, dengan kalem Presiden menjawab "Saya juga tidak ada latar belakang sebagai Presiden!"

Anda tidak perlu berlatar belakang sarjana ekonomi atau pelaku bursa untuk menjadi kaya melalui bursa.

Buku ini ditulis tanpa latar belakang Fakultas Ekonomi; kita mengenal Haji Sukri dari Jawa Timur yang setiap tahunnya selalu berzakat ratusan juta rupiah dari bisnis besi tua, iapun juga bukan lulusan Fakultas Ekonomi. Kita mengenal beberapa Presiden Indonesia, tidak satupun di antara beliau yang pernah kuliah di Fakultas Sosial Politik. Presiden pertama Soekarno adalah lulusan Fakultas Teknik, Presiden Habibie juga lulusan Fakultas Teknik, Presiden Abdurahman Wahid adalah lulusan Fakultas Ilmu Agama. Sementara itu Barack Obama yang pernah tinggal di Indonesia dan juga tidak pernah belajar ilmu sosial-politik ternyata menjadi Presiden AS. Hidup adalah anugerah, arena dan sekaligus peluang.

Lalu apa maknanya?

Keinginan yang kuat disertai dengan upaya nyata dan tawakal akan mengantarkan kita kepada cita-cita.

Selanjutnya, marilah kita mengenal saham.

Berita Koran **USA Today**, Selasa 27 April 2010: Kementerian Keuangan Pemerintah AS yang memberikan bailout (dana talangan) kepada Citibank dengan imbalan 7.7 milyar saham, akan melepas sebagian sahamnya sekitar 1.5 milyar lembar segera dengan keuntungan 40% hanya dari musim panas tahun lalu sampai musim semi tahun ini. Pemerintahpun berdagang saham milik swasta.

II. PENGETAHUAN DASAR TENTANG SAHAM

Joseph Kennedy sebelum bertugas sebagai Duta Besar AS di Inggris di tahun 1938, ia adalah pedagang saham. Pernah dalam waktu singkat ia memperoleh $1,200,000.00 (baca: satu juta dua ratus ribu dollar) nilai nominal saat itu ketika harga bensin hanya sekitar beberapa sen per galon (3.7 L), entah berapa persamaan nilainya saat ini. Ketika majalah **Fortune** pertama kali menerbitkan daftar orang terkaya di AS tahun 1957, Joseph Kennedy terdaftar sebagai pengusaha dengan jumlah kekayaan antara $200-400 juta atau setara dengan $1,5-3 milyar di tahun 2005.

Oleh karena itu ia dapat menyekolahkan semua anaknya di sekolah terbaik, dan dapat memberikan kehidupan yang **sangat layak** kepada mereka sampai-sampai John F. Kennedy tidak mau menerima gaji ketika menjadi Presiden AS karena uangnya sudah cukup dan hanya ingin mengabdi kepada rakyat dan negara. JF Kennedy adalah **satu-satunya Presiden** di dunia yang tidak menerima gaji! Kita dapat mebandingkannya dengan seseorang yang ingin menjadi Presiden karena ingin kaya!

1. Saham

Apakah saham?

Saham adalah bukti kepemilikan atau keikut-sertaan dalam pemilikan atas suatu perusahaan.

Anda tentu memerlukan banyak uang untuk mendirikan suatu perusahaan, menggaji karyawan, membayar biaya pemasaran; anda tetap mengeluarkan uang sementara hasil prosuksi masih dalam proses penjualan dan belum laku. Jalan pintas memiliki perusahaan adalah membeli saham perusahaan yang telah terbukti menghasilkan uang.

2. Di mana membeli saham?

Pasar tempat membeli dan menjual saham adalah bursa saham.

Banyak pemerintahan di dunia yang telah mempunyai seperangkat peraturan yang mengatur pembelian dan penjualan saham secara sah.

3. Siapa yang boleh menjual saham?

Perusahaan yang telah memenuhi persyaratan tertentu diberi wewenang oleh negara untuk menjual saham kepada masyarakat.

Perusahaan semacam ini lalu disebut perusahaan publik atau perusahaan terbuka, dan di Indonesia di belakang nama perusahaan ditambahkan akhiran atau suffix Tbk. Singkatan dari "Terbuka".

4. Dapatkah orang awam membeli saham

Dapatkah orang awam membeli saham perusahaan langsung dari perusahaan public?

Ya dan tidak. Pada saat penawaran umum, semua orang dapat membeli saham sebagaimana diterangkan dalam brosur penawaran (prospektus). Tetapi pada saat masa penawaran umum telah lewat, dan saham telah terjual semua sedangkan Anda masih ingin membelinya maka dapat menggunakan jasa perantara beli-jual saham yang lazimnya disebut broker.

5. Siapakan broker atau pialang saham?

Broker adalah perantara beli-jual saham di bursa. Broker harus mempunyai pengetahuan tentang seluk-beluk saham, dan pengetahuannya telah teruji dan dibuktikan dengan adanya sertifikat yang dikeluarkan oleh otoritas moneter suatu negara.

Broker yang tidak berlisensi adalah illegal, di Amerika peraturan tentang broker sama ketatnya dengan peraturan mendirikan suatu bank. Broker harus berlisensi. Kalau anda membeli suatu saham melalui broker yang tidak jelas keahlian dan legalitasnya dapat dipastikan anda akan rugi.

III. PENGALAMAN DALAM TRANSAKSI SAHAM

Setelah mengetahui sekilas tentang saham, kini Anda akan mengetahui lebih jauh tentang transaksi saham di bursa New York.

1. Apakah yang perlu dilakukan untuk melakukan transaksi saham di bursa New York dengan aman?

Survey tentang perusahaan publik yang sahamnya telah banyak beredar perlu dilakukan agar mengenal medan dengan baik. Survey dapat dilakukan dengan mudah karena sumber informasi di sini melimpah. Salah satu tujuannya adalah jangan sampai kita terperosok membeli saham perusahaan yang tidak lagi mempunyai prospek masa depan atau yang mengalami kebangkrutan.

Perlu diketahui bahwa menurut peraturan AS, saham perusahaan yang tengah mengalami kebangkrutan masih tetap dapat diperjual-belikan. Mengetahui sejarah harga saham adalah sama pentingnya dengan mengenal perusahaan penjual saham itu sendiri.

Kita dapat melihat statistik berapa harga tertinggi dan terendah yang pernah dicapai oleh suatu perusahaan publik. Apabila harga saat ini masih dalam kisaran wajar, maka kita masih aman melakukan transaksi.

Contohnya adalah harga saham American Insurance Group pada Juli 2009 pernah mencapai titik rendah yaitu sekitar $10; dan pada bulan Pebruari 2010 rebound (pulih) menjadi sekitar $20 per lembar; sedangkan pada tengah hari tanggal 27 April 2010 telah mencapai harga $40.39.

Dari data ini dapat diambil kesimpulan bahwa apabila Anda "telanjur" membeli saham American Insurance Group dengan harga murah di bawah $10 maka untuk "keamanan" Anda sebaiknya menjual saham tanpa menunggu harga kembali ke posisi $60.

Atau, kalau Anda bersabar dapat pula menunggu sampai berharga $600 karena itulah harga di tahun 2008. Sebaliknya, apabila Anda telah membeli saham perusahaan perumahan Freddie dengan harga $60 per lembar dan saat ini harganya hanya di bawah $2 per lembar, maka sebaiknya tetap pegang Anda dan jangan dijual. Alasannya?

Ada dua alasan utama:

Pertama, Anda terlambat menjual. Karena pada saat harga turun di bawah 25% seharusnya saham sudah Anda jual dan dibelikan saham **blue chips** atau saham-saham dalam kelompok Dow Jones.

Kedua, Saat ini Pemerintah Presiden Obama sudah memberikan *bailout* (talangan) kepada perusahaan Freddie, dan perusahaan sedang dalam proses pemulihan; kemungkinan harga naik sangat besar meskipun belum tentu kembali ke posisi semula.

2. Ada pengalaman khusus?

Setelah melakukan penelitian, pengamatan dan praktek pembelian dan penjualan saham melalui broker resmi selama beberapa tahun dan mengalami betapa mudahnya menghasilkan uang, maka buku ini ditulis.

Apabila ada perubahan harga yang signifikan maka saham segera dijual untuk dibelikan saham lagi sehingga modal terakumulasi secara riil dalam jumlah dollar dan bukan hanya dalam virtual di atas kertas saja.

Contoh kenaikan harga saham sebesar 375 persen dalam sehari pada tanggal 26 Pebruari 2010, dari harga pembukaan $0.091 jam 9:00 pagi menjadi $0.342 di saat penutupan jam 4:00 sore:

Saham	JML	Harga	NILAI PASAR	$ ▲/▼	% ▲/▼	Perubahan
Visteon	500	0.342	171.00	+ 0.27		+ 135.00

Dua macam saham berikut mengalami kenaikan harga melebihi 4.000% (empat ribu persen), saham ketiga naik melewati 1.000% (seribu persen) dalam setahun:

Sektor Unggulan
(Kenaikan Harga Dalam Setahun)

Saham Unggulan	Dalam Setahun
GREM USA Rekreasi/Hiburan	+4950%
Visteon Suku Cadang Mobil dan Truk	+4631%
Remy International Suku Cadang Mobil dan Truk	+1100%
Berlaku setahun terhitung s/d 4/21/10	

Pertanyaannya ialah mengapa kita tidak/belum mendapat manfaat?

3. Apakah modal penyerta?

"Modal penyerta" adalah modal yang ditanamkan oleh peminat investasi (investor) bersama-sama dengan modal sebelumnya milik suatu usaha yang telah berjalan. Modal Penyerta adalah terjemahan sederhana dari modal ventura yang mengumpulkan sejumlah modal dari beberapa pemilik dana untuk tujuan perdagangan guna meraih keuntungan.

Berbeda dengan Perseroan Terbatas (PT) yang jumlah pemegang sahamnya terbatas dan tidak banyak, dalam perusahaan modal ventura ada banyak pemegang saham.

4. Adakah pengalaman lain dengan saham?

Setelah mengalami berbagai pengalaman pahit sebagai pembeli dan penjual saham di bursa New York melalui broker resmi, maka berdasarkan pengalaman dapat disimpulkan bahwa ternyata:

a) Broker tidak pernah menyarankan apapun tentang pembelian dan penjualan saham, semua keputusan terserah investor; apabila ada harga saham yang mempunyai kecenderungan naik atau turun bukan urusan broker untuk memberi saran.

b) Broker hanya mengambil komisi tidak peduli investor menjual saham dalam keadaan untung atau rugi; broker selalu memperoleh untung dari komisi.

c) Broker tidak memberikan pengetahuan dan pendidikan dasar **sebelum** investor mulai membeli dan menjual saham.

Ada memang kelas khusus tetapi di tempat yang jauh perlu masa tunggu yang cukup lama. Namun demikian, ada sisi baiknya, broker memberikan data dan pengetahuan tertulis seluas-luasnya untuk dianalisis melalui laman yang tersedia. Memang kursus disediakan tetapi di negara bagian lain yang sangat jauh, perlu biaya sangat banyak untuk mengikutinya. Broker hanya menerima uang modal investor, memberi nomor pengenal dan password, selebihnya terserah untuk menjalankannya sendiri padahal belum berpengalaman sama sekali. *Trial and error* yang akhirnya dlakukan sebelum menemukan solusi yang tepat.

Buku ini adalah sebagian dari intisari pengolahan data dan pengetahuan yang diperoleh melalui website broker saham. Buku ini tidak menyarankan anda membeli atu menjual saham; tetapi memberi bekal pengetahuan yang sepadan untuk mengambil keputusan. Pahitnya telah dirasakan terdahulu, semoga Anda hanya mendapat manisnya.

d) Sebagai pemegang sebagian saham General Motors, betapapun kecilnya, ditanyakan kepada broker mengapa suatu perusahaan sebesar GM yang memproduksi berbagai ragam mobil dan telah malang melintang selama 70 tahun dapat mengalami kebangkrutan. Broker tidak dapat atau tidak mau memberikan penjelasan.

e) Broker angkat tangan ketika saham di Dephi salah satu pemasok *spare parts* untuk GM juga ikut bangkrut. Broker hanya mengirim sepotong pesan melalui komputer "Saham dengan tanda # tidak dapat diperjual-belikan lagi"; nah?

e) Broker bersikap pasif, sementara pembeli/penjual harus melakukan riset, mempelajari sejarah perusahaan, membuat analisa sendiri dan keputusan sendiri. Broker tidak proaktif, dan hanya terima komisi bersih.

Pahit memang pengalaman ini, akan tetapi berbuah manis tatkala menyadari dan akhirnya belajar tentang seluk-beluk saham yang ternyata menarik.

Mempelajari hal-hal yang berkaitan termasuk sejarah bursa saham, resesi, kebangkitan ekonomi, pertautan antara resesi dan kebangkitan ekonomi serta harga saham. Selain itu juga mempelajari beberapa lusin sejarah perusahaan penjual saham termasuk menganalisa harga saham lima tahun ke belakang, membaca berita ekonomi tentang suatu perusahaan dan laporan keuangan perusahaan publik.

Dengan analisa yang didasarkan beberapa indikator meliputi sejarah saham, pembagian dividen (kapan dan berapa), indeks risiko, laporan keuangan, penilaian S&P 500 atas saham suatu perusahaan, besarnya modal, ketepatan laporan ke SEC (Bapepam-nya AS), dst. maka dengan tepat dapat memperkirakan pergerakan harga saham suatu perusahaan. Oleh karena itu setelah pengalaman pahit tersebut, tidak pernah lagi membeli saham berdasarkan **intuisi**.

Ketika American Insurance Group (AIG) mendapat *bailout* dari Pemerintahan Obama sedangkan sahamnya trerpuruk pada level di bawah satu dollar, maka dilakukan pembelian saham sangat murah ini sebanyak 400 lembar.

Beberapa bulan kemudian harganya menjadi di atas $30.00, silakan cek pergerakan harga sahamnya di Yahoo Finance. Demikian juga ketika pemimpin perusahaan di Georgia Gulf Company (GGC) di Atlanta ribut dan ada pejabat tingginya yang mengundurkan diri karena harga sahamnya jeblok, maka saatnya membeli bererapa ratus lembar dengan harga sangat murah di bawah satu dollar. Beberapa bulan kemudian harganya meroket di atas $40 dan masih ingin menambah pembelian lagi.

Anda dapat membuktikan kebenaran keterangan tersebut di Yahoo Finance dengan mengetikkan AIG dan GGC satu persatu! Masih ada lagi perusahaan pertambangan yang saat ini harga sahamnya masih teramat sangat murah, padahal beberapa tahun lalu pernah mencapai 1.000 kali lipat harga sekarang. Ada kisah menarik tentang saham ini. Pada hari Senin 21 Juni 2010 di tengah merosotnya harga saham terjadi kejutan di bursa. 557.000 Lembar saham yang telah dibeli ini mengalami *split-in* menjadi hanya tinggal 27.850 lembar saja, tetapi harganya naik 20 kali lipat atau naik sebesar 2.000% (dua ribu persen)!

Setelah split lagi maka sekarang tinggal 1.114 lembar saja. Ini adalah risiko.

Masih ada beberapa perusahaan yang dari hasil penelitian ternyata mempunyai persamaan dengan AIG dan mendapat *bailout* dari pemerintah AS dan harganya saat ini **masih sangat murah** di bawah $2 padahal saham ini pernah mencapai $60 tahun lalu, oleh karena itu perlu memborong sebanyak dana yang tersedia saat ini.

Ingat ini adalah sisi bawah dari kurva U. Lambat, tetapi tetap naik. Hal ini telah terbukti dengan saham-saham AIG dan GGC, dan setelah mengalami pasang surutnya harga maka mendapat untung **sembilan puluh** persen dalam lima bulan pertama. Nominal ini sengaja ditulis dengan huruf dan bukan dengan angka agar menjadi jelas dan tidak "salah baca".

Ada juga perusahaan persewaan mobil yang harga sahamnya melonjak sampai dengan tiga ratus persen di saat musim panas dan musim liburan. Dari hasil pembelian dan penjualan saham perusahaan ini, mendapat keuntungan seratus persen lebih.

Saham tersebut segera dijual pada saat harga bagus atau saat memasuki musim dingin karena siapa yang akan mau berlibur dan bermobil-ria di musim salju. Dengan datangnya musim dingin maka harga saham perusahaan persewaan mobil menjadi turun.

Sebenarnya, keuntungan **keseluruhan modal** tidak mencapai angka setinggi itu berhubung ada saham yang nilainya menjadi sangat rendah setelah mengalami kebangkrutan seperti GM dan Delphi.

Hal ini harus diakui secara jujur agar Anda mendapat gambaran yang utuh dan menyeluruh, tidak sepihak dan tidak dilebih-lebihkan. Semua data saham yang telah dibeli, dijual kembali, harga beli dan harga jualnya, semua ada bukti tertulis dari broker.

5. Apa manfaat buku ini?

Ada banyak manfaat yang dapat anda peroleh a.l.:

(1) Anda tidak perlu membaca website broker dalam Bahasa Inggris dengan istilah-istilah bursa yang rumit untuk memahami mekanisme investasi saham di bursa Wall Street.

(2) Anda belajar dan sekaligus mempraktekkan ilmu bursa, Anda tidak perlu mendapatkan MBA terlebih dahulu untuk dapat bertransaksi di bursa saham AS. Saat ini hanya mereka yang menjadi WN-AS dan residen AS yang dapat melakukan transaksi di Wall Street.

6. Apakah anda dapat menarik uang?

Dapatkah anda menarik uang anda setiap saat dari broker? Tentu, mengapa tidak. Anda bebas menarik modal setiap saat kapan saja dikehendaki dengan menjual kembali saham kepemilikan Anda. Penarikan uang anda sama sekali tidak mempengaruhi kinerja pelaku bursa. Tahukah Anda bahwa transaksi harian di bursa NY adalah sama dengan APBN RI selama setahun?

7. Apa motivasi menulis buku ini?

Berbagai pengalaman dan membantu teman. Banyak teman sekolah yang mempunyai nasib yang berbeda-beda.

Anda tentu mengikuti perkembangan kasus *markus* alias makelar kasus yang marak akhir-akhir ini, salah satunya adalah teman sekolah yang kini menjadi berita hampir setiap hari di surat kabar dan TV. Ia mempunyai uang bermilyar-milyar Rupiah, akan tetapi penuh tanda tanya sehingga ia ditahan pihak berwajib di Jakarta yang akhirnya divonis sekian belas tahun. Uangnya memang banyak, tetapi uangnya yang **halal** belum tentu sebanyak yang kita miliki secara halal dari hasil transaksi di bursa saham New York.

Premier Money Market 1.65% APY

15-Month Certificate of Deposit: 1.40% APY.
w/ balance of $20,000 - $99,999 during promo

CURRENTLY AS LOW AS

3.69%*
APR

PRIME +0.44%

8. Apakah keuntungan dapat mencapai enam persen?

Dengan analisis yang tajam dan penuh kehati-hatian, maka rata-rata keuntungan per tahun adalah enam persen. Meskipun "hanya" enam persen tetapi telah lebih besar dari bunga deposito, apalagi bila menghitung inflasi dan perbedaan kurs mata uang dollar. Di beberapa bank AS bunga tabungan dollar hanya antara **1.40** sampai **1.65** persen setahun. Sedangkan bunga pinjaman dengan agunan rumah adalah **3.69** persen pertahun.

Anda dapat membandingkan berapa besar enam persen ini dengan bunga tabungan dollar di AS atau di manapun juga. Angka enam persen ini rata-rata keuntungan, apabila Anda memperoleh lebih maka harus bersyukur; memang kita *tidak selamanya beruntung*. Di mana rahasianya? Dari keuntungan dan kerugian jangka pendek atas beberapa kali transaksi dalam setahun, lalu dibuat rata-rata maka pendapatan bersih sekitar delapan sampai sepuluh persen. Hitungan ini adalah sebelum membayar komisi ke broker plus biaya operasional plus tiga macam pajak. Pajak harus dibayarkan kepada Pemerintah Pusat, Negara Bagian, dan Kota Madya; maklum pajak dan gaji pegawai di sini sangat tinggi. Itupun masih belum termasuk asuransi. Kalau ada pihak yang menyatakan keuntungan lebih dari kewajaran melebihi enam persen (mereka menyatakan "sekian puluh persen atau lebih") silakan menanyakan bagaimana memperolehnya dan mana buktinya. Ada pihak yang menjanjikan keuntungan tinggi tetapi ternyata terbukti merugikan konsumen.

Apakah anda masih ingat kasus "perusahaan penanam modal asing yang mengaku bermarkas di British Virgin Island" dan merugikan ratusan bahkan ribuan investor di Indonesia. Buku ini tidak menyarankan anda menyerahkan uang kepada siapapun untuk melakukan atau tidak melakukan investasi; buku ini adalah hasil pengalaman pahit yang berbuah manis.

Setelah Anda benar-benar memahami seluk-beluk saham perusahaan AS yang ditransaksikan di bursa New York, maka bagi pelaku bursa di Indonesi dapat mengambil manfaat dari pengetahuan dari buku ini berhubung pergerakan harga saham New York sering berpengaruh di BEJ.

Sekedar mengingat bersama bahwa waktu New York adalah minus sekitar 12 jam dari waktu Jakarta. Banyak waktu bagi pelaku bursa di Indonesia untuk mengintip pergerakan saham di New York sebelaum memutuskan sesuatu di Indonesia. Ilmunya telah diberikan, Anda tinggal mempraktekkannya.

9. Index Naik 632 points

Majalah TEMPO (*tempointeraktif.com*, 1 Desember 2009) mewartakan bahwa index harga saham Dow Jones dalam bulan Nopember 2009 naik 632 points atau 6,5%. Apa artinya? Artinya, kalau pada tanggal 30 Oktober 2009 Anda membeli **semua** jenis saham yang termasuk dalam index Dow Jones yang berjumlah 29 macam perusahaan masing-masing dengan jumlah lembar yang sama (misalnya @100 lembar) dan menjualnya sebulan kemudian pada tanggal 1 Desember 2009, maka *ceteris paribus* Anda mempunyai keuntungan 6,5 persen **dalam satu bulan**. Secara nyata penjumlahan harga setiap lembar saham dari 29 perusahaan dalam kelompok Dow Jones pada akhir Oktober 2009 adalah $1,201.18. Apabila Anda memborong semua saham perusahaan yang termasuk dalam Dow Jones ini masing-masing 1 lembar saham (tanpa mempedulikan apakah **semua** harga naik atau turun), maka uang Anda menjadi $1,284.68. Enam setengah persen keuntungan dalam satu bulan! Secara praktis hal tersebut **tidak** dapat dilaksanakan karena Anda akan rugi setelah membayar komisi kepada broker.

Hal tersebut akan dikecualikan kalau membeli lebih dari satu lembar saham untuk mencapai *break event point* (BEP), atau Anda membeli masing-masing 100 lembar saham untuk menutup *overhead cost*. Namun modal Anda harus \$120,118.$\underline{00}$ untuk memperoleh keuntungan \$7,807.[67] (tujuh ribu delapan ratus tujuh dolar enam puluh tujuh sen) dalam bulan tersebut. Secara perhitungan matematis nilai keseluruhan komisi broker dalam pembelian dan penjualan 29 macam saham perusahaan adalah sekitar \$522.$\underline{00}$. Keuntungan bersih adalah \$7,807.$\underline{67}$ - \$522.$\underline{00}$ = \$7,285. [67] dalam satu bulan tersebut.

Dalam praktek jarang ada investor yang membeli semua saham dalam kelompok Dow Jones sekaligus seperti cara yang sedang kita bahas ini.

Lalu bagaimana praktek yang sesungguhnya? Pembelian saham dilakukan secara **selektif-variatif** dengan jumlah yang berbeda-beda berdasarkan analisis atas data BC, dividend, EPS, MRQ dan TTM yang diuraikan di Bab IV. Hal yang juga penting menjadi pertimbangan adalah emosi. Dorongan sesaat atau impuls atau nafsu untuk membeli dan menjual sering mengalahkan berbagai pertimbangan rasional yang wajar.

Koran Republika (*republika.co.id*) tanggal 23 Juni 2010 memberitakan bahwa index Dow Jones turun 148,89 poin (1,43 persen) menjadi 10.293,52. Apa maknanya bagi investor? Kesempatan membeli! Beberapa saham perusahaan di bidang asuransi, pertambangan dan perumahan yang tahun lalu harganya masih di atas $40/lembar, kini dapat dibeli hanya dengan sekitar $4/lembar. Kiranya tidak perlu menunggu harga kembali ke $40, manakala harga naik menjadi $10/lembar maka cukuplah keuntungan kita 250%.

10. Bagaimana memperoleh keuntungan?

Ada lagi rahasia bagaimana cara memperoleh keuntungan? Pengalaman telah mengajarkan bagaimana memperoleh keuntungan dan juga kerugian dengan memperjual-belikan **saham-saham unggulan** di bursa New York. Ada beberapa puluh saham unggulan yang fluktuasi (naik-turun) harganya bervariasi dari **nol koma satu persen sampai seratus tiga puluh persen**. Harus diakui oleh siapapun bahwa berdagang saham **tidak** selalu beruntung. Saham yang telah kita beli dapat dijual kembali setelah tiga hari kerja.

Dengan perhitungan dan pengalaman yang cukup, maka ketika suatu harga sedang naik maka akan dijual dengan sedikit untung dari pada ditunggu naik lebih tinggi tetapi turun parah keesokan harinya. Sudah sering hal ini terjadi, karena menunggu harga yang lebih tinggi ternyata malah rugi. Demikian pula sebaliknya kalau ada harga saham yang turun, maka sedikitnya harus ditunggu 24 jam.

Manakala harga terus turun dan ada beberapa indikasi bahwa harga masih akan turun lagi, maka saham akan **dijual dengan harga rugi** untuk mencegah kerugian lebih banyak.

Di sisi lain ada juga pemegang saham yang tidak pernah mengutak-utik sahamnya dalam jangka waktu lama karena dianggap sebagai tabungan hari tua. Untuk mereka maka ada perusahaan tertentu yang menjalankan uang investor sampai dengan saat investor pensiun, dan perusahaan ini telah mendapat ijin dari Pemerintah dan melakukannya secara transparan. Kalau kita melalukan investasi sendiri memang harus bersaraf baja untuk dapat mengendalikan diri dalam bertransaksi saham. Kerugian yang ada akan dikompensasi dengan keuntungan yang telah diraih, sehingga secara **keseluruhan** masih mempunyai keuntungan sekitar delapan sampai sepuluh persen.

11. Hedging?

Hedging, apa pula it; dan bagaimana penjelasan nomor 10 di atas? Seperti diuraikan dalam nomor 10 di atas, maka suatu saham akan dijual rugi dari pada dibiarkan rugi lebih dalam.

Salah satu teknik mengurangi kerugian adalah melakukan **hedging**. Secara harfiah hedging bermakna "pemagaran" dalam hal ini pemagaran kerugian.

Hedging adalah suatu cara untuk membatasi dan mengurangi kerugian. Ada beberapa teknik dalam hedging:

(1) Cara pertama adalah menjual rugi begitu saja dengan mengkompensasikan keuntungan yang telah dipegang. "Kalau kita tidak berani rugi maka lebih baik bertahan saja sebagai pengawai dengan upah minimum dan tidak perlu mengangankan memiliki rumah dan mobil mewah hasil kerja"; inilah semboyan kebanyakan investor.

(2)   Cara kedua adalah justru <u>membeli lagi</u> saham yang sedang merugi dan turun harganya **untuk memperoleh harga rata-rata yang lebih rendah** dari pada harga pembelian sebelumnya. Contoh: Seorang investor membeli 100 saham XYZ dengan harga \$1.00/lbr, seminggu kemudian harga turun menjadi \$.075/lbr, ia malah membeli lagi 200 lembar saham untuk memperoleh harga rata-rata yang rendah $((100x1) + (200 \times 0.75))/300 = 0.83$. Kelak apabila harga kembali ke \$1.00/lbr maka keuntungannya adalah $(1.00-0.83) \times 300 = \$51.\underline{00}$. Hal ini dilakukan memang dengan saraf baja dan kepala dingin, dengan perhitungan bahwa "suatu saat" harga akan pulih. "Suatu saat" ini bisa tiga hari, seminggu, sebulan atau lebih. Jangan sampai lengah, begitu naik langsung jual. Memang ada banyak saham yang mengalami pemulihan harga (recovery) namun ada beberapa juga yang terus kebablasan. Manakala kita sedang memperoleh keuntungan yang tinggi, maka sebagiannya kita persiapkan untuk menghadapi kerugian. Kita tidak boleh terlena

menggunakan semua uang untuk membeli saham saat ini, ada sebagian yang kita gunakan sebagai cadangan. Melakukan pembelian atau penjualan saham secara membabi-buta adalah berbahaya.

(3) Cara ketiga adalah tidak melakukan apa-apa atas suatu saham yang harganya sedang turun, tetapi dengan membeli saham lain yang sering berfluktuasi secara signifikan.

Sementara dari saham A mendapat kerugian 1, maka dari saham B mendapat keuntungan 1.5 sehingga bersihnya masih mendapat 0.5, masuk akal bukan? Pertanyaannya bagaimana mengetahui saham yang "berfluktuasi secara signifikan". Pengetahuan dan pengalaman (termasuk *degdegan* tentunya) dalam hal ini berperan sangat besar.

(4) **Swap**. Ini adalah cara keempat. Secara harfiah swap berarti "mempertukarkan". Apabila ada saham yang harganya sedang turun dan diperkirakan akan terus turun dalam waktu tertentu, maka saham tersebut segera **dijual** dan hasil penjualan dibelikan saham lain dalam kelompok *blue chips* yang harganya relatif stabil. Dengan cara ini kerugian dapat ditekan, bahkan ada kemungkinan dihilangkan sama sekali. *Swap* dalam *hedging* berbeda sama sekali dengan swap dalam *derivative trading (DT),* dalam DT dua pihak pelaku bisnis mempertukarkan risiko.

Dalam swap hampir selalu ada *asymmetric information*, sehingga sering terjadi kerugian di satu pihak. Beberapa kasus *derivative trading* yang menghebohkan akan Anda jumpai di bagian akhir Bab IV dan pada Happy Quiz.

Empat teknik hedging tersebut adalah berdasarkan pengalaman. Anda dapat menambahkan. Cara manapun yang akan Anda terapkan, banyak dipengaruhi oleh tajamnya pengamatan atas pergerakan harga saham berserta seluk-beluknya dalam jangka waktu yang lama. Dan yang terpenting adalah pengalaman. Beberapa Koran dan majalah seperti *Wall Street Journal, Investor Business Daily, New York Times, USA Today, Forbes Magazine, The Economics, Akhbar el-Khaleej*).* Televisi saluran khusus juga menjadi sumber penting dalam pengambilan keputusan. Website perusahaan publik baik juga diperhatikan tetapi bukan sumber pokok karena mungkin subjektif. Sumber dari pihak ketiga yang independen lebih dapat dipercaya. Hedging adalah **taktik** sedangkan diversifikasi saham adalah bagian dari **strategi** trading di bursa saham.

Akhbar el-Khaleej*) adalah koran berbahasa Arab terbitan Bahrein, sumber penting informasi Timur Tengah dan saham yang ditransaksikan di bursa Dubai UAE. Beberapa website di Dubai yang berkaitan dengan saham juga menjadi rujukan penting.

12. Apakah diversifikasi saham?

Diversifikasi saham adalah penganeka-ragaman transaksi saham. Modal yang ada tidak akan dibelikan **satu macam saham** dan tidak pula dibelikan **saham semuanya**. Sebagian modal dibelikan obligasi pemerintah pusat AS, sebagian dibelikan dana pensiun. Sebagian dibelikan saham *blue chips*, sebagian dibelikan saham biasa dengan fluktasi tinggi, dan sebagian lagi dibelikan saham *OTC* (over the counter) atau *pink market*. Dengan demikian **keamanan modal** menjadi terjaga. Petunjuk kebijakan berbunyi "Jangan menaruh semua telur dalam satu keranjang".

13. Apa saham blue chips dan apa pula saham pink market?

Saham *blue chips* adalah saham perusahaan unggulan dengan harga tinggi, menghasilkan dividen secara konstan dan jarang mengalami penurunan/kenaikan harga yang tajam. Saham pink market adalah saham yang harganya telah turun menjadi sangat rendah.

Saham jenis *blue chip* ini sangat diminati para investor dan dipegang untuk **masa yang cukup lama** dan tidak ingin dijual. Contohnya adalah saham kelompok Dow Jones Industrial. Sedangkan saham *pink market* adalah yang harganya telah rontok atau tidak memenuhi lagi standar bursa dan mencapai harga terendah sehingga terlempar dari listing di **Dow Jones**, **Nasdaq**, dll. Saham jenis ini ditransaksikan sangat murah di "pasar bebas" yang dikenal dengan "bulletin board".

Meskipun harga telah mencapai tingkat terendah (ada yang berharga $0.0064) akan tetapi pada suatu saat pernah mencapai di atas seratus dollar per lembar. Investor yang jeli senang membeli saham *pink market*, dan dengan kesabaran yang luar biasa menunggu harga *rebound* (kembali atau mendekati) harga tinggi yang pernah dicapai sebelumnya.

Tidak heran jika ayah Presiden Kennedy pernah memanen keuntungan jutaan dollar di tahun tiga puluhan.

14. Bagaimana contoh nyata?

Bagaimanan memperoleh keuntungan trading di bursa dengan cara selektif dan variatif sebagaimana diterangkan di atas?

Berikut ini data nyata yang diambil dari beberapa tanggal yang berbeda:

1	2	3	4	5	6	7	8	9
Usaha	Harga	Harga	Laba/Rugi		Harga	Harga	Laba/Rugi	
	27/8/09	01/9/09	$	%	30/11/09	01/12/09	$	%
As/Keu	1.80	1.53	-0.27	-15	0.77	0.81	+0.04	5.19
Ban	0.387	0.35	-0.037	-9.56	0.26	0.29	+0.03	11.54
Keu (2)	1.92	1.58	-0.34	17.70	0.88	0.93	+0.05	5.68
Kimia (1)	31.59	27.69	-3.90	-12.34	14.59	15.20	+0.61	4.18
Minyak	0.303	0.297	-0.006	-1.98	0.44	0.432	-0.008	-1.82
Penerbit	2.06	1.81	-0.25	-12.13	2.75	2.64	-0.11	-4.0
Mobil	0.82	0.76	-0.06	-7.31	0.59	0.601	-0.11	-1.86
Kimia (2)	0.46	0.43	-0.03	-6.52	0.59	0.95	+0.37	+63.79

Masih ada beberapa macam saham lagi a.l. dalam bidang persewaan mobil, suku cadang mobil, dan farmasi. Kiranya beberapa contoh di atas dapat mewakili portofolio yang ada.

Hal yang penting adalah bagaimana "membaca" data yang ada tersebut di atas. Pada tanggal 1 September 2009 mengalami rugi $1,107.68 sekitar Rp. 11 juta dalam sehari. Harap bersabar, ini baru sebagian dari cerita bisnis. Saraf harus kuat. Pada 16 September 2009 berbalik mendapat untung $3,084.26 sekitar Rp. 30 juta lebih dalam sehari. Sedangkan dari 30 Nopember 2009 sampai 1 Desember 2009 mendapat keuntungan $514.58 atau Rp. 5 juta lebih dalam sehari. Dalam perjalanan bisnis dari minggu ke minggu berikutnya digunakan berbagai teknik *hedging* dan penambahan modal guna mengurangi kerugian dan menambah keuntungan. Alhasil, pada satu tahun fiskal masih mendapat keuntungan antara delapan sampai dua belas persen, bersih.

15. Bagaimana menyiasati situasi di saat harga bergejolak naik-turun?

Pertama, Anda tetap tenang; tidak melakukan tindakan singkat yang berdampak panjang seperti langsung menjual atau membeli tanpa perhitungan (silakan lihat kembali tentang *hedging*).

Kedua, tengok kembali sejarah harga saham perusahaan yang sedang Anda miliki. Dengan mengetahui perjalanan harga saham, maka kita tahu kapan suatu saham pernah mencapai angka tertinggi dan kapan pernah mencapai angka terendah, biasanya dalam rentang waktu 52 minggu. Data ini dapat dilihat di *website* (laman) *broker.*

Ketiga, kita lihat volume perdagangan hari ini; berapa jumlah saham yang ditransaksikan. Apabila ada lonjakan jumlah saham yang diperdagangkan maka berarti pasar sedang "ramai". Data ini juga dapat dilihat di *website* (laman) *broker.*

Keempat, kita lihat *outstanding share* yaitu jumlah saham suatu perusahaan yang sedang beredar. Manakala jumlahnya cukup tinggi berarti masih ada kepercayaan masyarakat.

Kelima, kita baca berita tentang saham di koran-koran online untuk memantau perkembangan terkini.

Keenam, apabila kelima hal tersebut di atas telah kita amati dengan saksama maka kita akan mendapat kesimpulan apa yang sedang terjadi dan apa yang sebaiknya kita lakukan.

Dalam kondisi saham terus turun harganya, memang tidak salah kalau kita jual saja untuk mencegah kerugian lebih lanjut. Uang hasil penjualan langsung kita belikan saham blue chip atau saham-saham yang termasuk dalam Dow Jones. Harap Anda **tidak terpengaruh** oleh maneuver perusahaan besar yang harga sahamnya biasanya mahal, karena pernah ada perusahaan besar yang mempunyai masalah besar yang ditutup rapat seperti **Enron, Tyco, Adelphia, WorldCom**, dll.

Ketujuh, pada saat harga-harga saham turun dengan drastis sebaiknya Anda mempersiapkan uang ekstra untuk membeli saham perusahaan besar yang harganya sedang terjun bebas. Alasannya jelas: tidak ada perusahaan besar yang mau kehilangan muka karena harga sahamnya rontok. Ingat harga saham American Insurance Group pernah mencapai enam puluh dolar, padahal pernah pula merosot menjadi beberapa dolar.

Setelah mendapatkan *bailout* atau dana talangan dari Pemerintahan Obama di awal 2010 maka harga sahamnya melonjak menjadi sekitar $20 lebih per lembar, lalu melejit mendekati $41.

Anda dapat menghitung kalau saat harga saham American Insurance Group sebelum menerima *bail-out* hanya $0.60 dan Anda membeli sebanyak 10.000 lembar yang hanya bernilai $6,000 (uang ini buat Anda tidak banyak artinya) maka sekarang uang Anda kurang lebih dalam beberapa bulan sudah menjadi $200,000 (dua ratus ribu dollar, alias dua milyar Rupiah)! Anda menyesal? Kesempatan masih terbuka lebar asal Anda jeli dan segera bertindak.

16. Bagaimana tata cara melakukan trading di bursa New York?

Pertama, bagi Anda berstatus WN-AS atau residen, dapat memilih salah satu broker resmi, ada beberapa broker yang memfasilitasi Anda melakukan trading di bursa New York; anda dapat mencarinya di **google**. Mungkin telah ada pialang (broker) resmi AS yang membuka kantor cabang di Asia.

Buku ini adalah penyedia informasi eksklusif, Anda berhak mendapatkan manfaat karena telah membeli buku ini.

Kedua, setelah Anda membuka akun dan melakukan deposit; maka Anda dapat memulai trading dengan membuka fasilitas BUY dan mengetik simbol saham dan jumlah yang diinginkan sebatas dana yang tersedia.

Ketiga, semua keputusan ada di tangan anda setelah memahami isi buku ini.

Keempat, semua hasil transaksi dapat Anda peroleh langsung dari broker yang telah Anda pilih. Anda dapat menggunakan keuntungan yang ada untuk melakukan trading selanjutnya atau Anda tarik sebagai keuntungan tunai. Keputusan adalah seratus persen ada di tangan Anda. Penulis dan penerbit buku ini **tidak** akan meminta bagian keuntungan dari transaksi Anda.

17. Bagaimana apabila Anda mengalami kesulitan dalam melakukan trading di bursa New York?

Apabila Anda mengalami kendala, maka broker Anda akan membantu.

IV. ILMU LANJUTAN MENGENAI SAHAM

Untuk lebih membekali anda tentang dunia saham dan liku-likunya, maka berikut ini adalah ilmu lanjutan yang berkaitan tentang saham.

Tentu ada pertanyaan mengapa anda tertarik membeli saham IBM, Boeing, Microsoft atau Exxon Mobile. Salah satu kunci dan pertimbangan penting sebelum membeli saham adalah mengetahui *P/E ratio*, volume perdagangan saham suatu perusahaan, *shares outstanding*, penawaran harga oleh masyarakat, dividen, *beta coefficient*, *market capitalization*, *volatility average*; pergerakan harga saham dalam kurun waktu tertentu (bulan, tahun) dll. Pengetahuan tentang saham ini secara ringkas **kurang lebih** setara dengan pengetahuan seorang yang telah meraih gelar MBA di perguran tinggi AS. Anda tidak akan rugi dan tidak akan pernah menyesal menguasai ilmu tentang bursa saham yang Anda peroleh dari buku ini. Di samping itu, Anda masih mendapat kesempatan memenangkan Quiz di bagian akhir buku ini.

Inilah ilmu lanjutan tetang saham yang akan sangat bermanfaat di dalam melakukan investasi di bursa saham.

1. P/E ratio.

Price to Earning ratio adalah hubungan antara pendapatan perusahaan dengan harga sahamnya, rumusnya adalah harga saham dibagi pendapatan setiap saham. Ini adalah angka yang menunjukkan berapa besar kemauan investor untuk membayar guna memperoleh keuntungan saham suatu perusahaan. Proyeksi pendapatan suatu perusahaan publik di tahun mendatang akan menjadi besar manakala angka ini lebih tinggi di banding perusahaan sejenis yang mempunyai angka P/E rendah. Dalam analisis, P/E suatu perusahaan harus selalu disandingkan dengan P/E perusahaan lainnya yang sejenis untuk memilih perusahaan mana yang sahamnya akan dibeli, yaitu perusahaan dengan P/E yang lebih tinggi. Contoh kasus. Saat ini P/E perusahaan Ambac adalah normal, dibandingkan dengan P/E salah satu saham perusahaan milik **Warren Buffett** yang mempunyai P/E 31.

Artinya, setiap dollar yang ditanamkan dalam saham perusahaan milik billionair Buffett, maka investor AS berkesempatan memperoleh pendapatan (baik dari dividen maupun kenaikan harga saham) sebesar 31 sen. Kemungkinan keuntungan lebih dari 30 persen, suatu kepercayaan yang luar biasa dari masyarakat AS terhadap Mr. Buffett karena ia "tidak mencari makan" dari keuntungan perusahaan publik yang dimilikinya. Ia telah mempunyai usaha terpisah untuk menghidupi keluarga. Salah satu harga saham perusahaan Mr. Buffett pada tanggal 10 Juli 2009 "hanya" berharga $84.600 (delapan puluh empat ribu enam ratus dolar) per lembar, dan pada tanggal 12 Maret 2010 telah mencapai $140.710,[59] (seratus empat puluh ribu tujuh ratus sepuluh dolar lima puluh sembilan sen) per lembar. **Suatu kenaikan sebesar 66.32% dalam waktu hanya 8 bulan, tidak peduli apakah index Dow Jones naik atau turun.** Tahun lalu ia mengadakan sayembara mencari siapa yang bakal meneruskan mengendalikan perusahaan setelah ia meninggal.

Pernah ia dalam satu hari rugi lima milyar dollar dan masih bisa tersenyum, tetapi juga pernah beruntung enam milyar dollar dalam delapan jam. Secara keseluruhan, setiap hari ia bangun tidur kekayaannya bertambah satu milyar Rupiah lebih yang berasal dari beberapa perusahaan plus portofolio yang dimiliknya. Ketika harga bensin mencapai $4 per gallon dan keuntungan Exxon mencapai **dua ribu lima ratus dolar per detik** (sekitar Rp. duapuluh lima juta per detik, bukan per jam atau per hari; sehinga ketika kita menguap 3 detik maka Mr. Buffet telah bertambah kaya Rp. 75 juta), maka Mr. Buffett juga ikut panen uang karena ia juga menanamkan modal di perusahaan minyak ini. Keuntungan seluruh perusahaan-publiknya **telah dan akan disumbangkan SEMUA ke badan amal AS**. Ia seorang philanthropist sejati. Bersama Bill Gates ia menyeru para orang kaya dunia agar menyumbangkan separoh harta untuk amal. Siapa dapat meniru?

2. Volume perdagangan saham suatu perusahaan

Volume perdagangan saham adalah angka yang menunjukkan seberapa besar kepercayaan masyarakat dan minat investor membeli saham suatu perusahaan publik. Makin besar angkanya, makin besar peminatnya; angka menunjukkan jumlah saham yang beredar pada hari tertentu.

3. Shares outstanding (SO)

SO ialah jumlah seluruh saham yang beredar dan diperjual-belikan melalui bursa. Manakala ada saham yang pernah beredar di masyarakat tetapi dibeli kembali oleh perusahaan, maka saham ini tidak termasuk di dalam SO.

Nama Perusahaan	Saham Beredar
Georgia Gulf Corp	33 juta
Cytec Industries Inc	48,6 juta
PPG Industries Inc	167 juta
Chemtura Corp	242,9 juta
PT.Telekomunikasi Indonesia Tbk (dijual di NYSE)	492 juta
Dow Chemical Co	1,1 milyar

Angka SO yang tinggi menunjukkan bahwa saham tersebut diminati masyarakat, dan mendapat kepercayaan tinggi. Kita turut bangga bahwa PT. Telkom mempunyai SO lebih dari 490 juta di NYSE.

4. Penawaran harga oleh masyarakat (bid & ask)

Bid & Ask adalah harga yang ditawarkan oleh investor untuk membeli saham suatu perusahaan publik. Apabila harga dasar suatu saham adalah $1.00 dan masyarakat hanya menawar seharga $0.98 maka harga inilah yang berlaku. Sebaliknya bila investor berebut membelinya maka harga penawaran dapat menjadi $ 1.01 atau lebih.

5. Dividen

Pembagian keuntungan perusahaan kepada pemegang saham terdaftar.

Investor yang memperoleh dividen biasanya adalah mereka yang telah memegang saham suatu perusahaan publik dalam satu tahun penuh.

6. Beta coefficient (BC)

Ialah angka risiko, atau angka kemungkinan kerugian. BC secara teknis berbunyi "pengukuran volatilitas (daya hidup) suatu saham relatif terhadap benchmark (pengukuran tertentu)". **S&P 500** sebagai benchmark mempunyai **beta coeficient 1**.

Makin kecil angka, makin sedikit risiko kerugian, akan tetapi investor tidak dapat berharap harga saham melonjak. BC yang tinggi memang mempunyai risiko harga jatuh yang tinggi pula, akan tetapi sekaligus juga mempunyai risiko harga naik yang tinggi. Inilah volatilitas. Volatilitas berbeda dengan fluktuasi. Volatilitas masih berupa kemungkinan, sedangkan fluktuasi adalah telah terjadi naik/turunnya harga, baik sedikit maupun banyak.

Bagaimana mengetahuinya? Dari riset; ada beberapa contoh **beta coefficient** dari berbagai perusahaan publik AS:

Nama Perusahaan	Beta
Nexstar Broadcasting Group Inc	2.4
CBS Corp	2.3
General Electric Co	1.6
News Corp	1.5
Walt Disney Co	1.1

Dari contoh tersebut, investor dapat mengetahui bahwa Walt Disney ternyata mempunyai BC terkecil di antara lima perusahaan yang diperbandingkan. Untuk mengambil keputusan, tidak selalu harus melihat BC terkecil, mungkin perlu dilihat median BC dari beberapa perusahaan. Meskipun saham Walt Disney menarik untuk dibeli apalagi EPS-nya adalah 1.76, akan tetapi harganya mahal sehingga perlu modal besar. Dengan pertimbangan tertentu investor dapat memilih membeli lain, misalnya GE.

Saham General Electric dengan EPS 1.12 dan BC 1.6 tetapi masih lebih rendah dibandingkan dengan Nexstar yang mempunyai BC 2.4.

Apa kesimpulan ekonomisnya? Membeli saham General Electric lebih menguntungkan dibanding dengan membeli saham Nexstar.

Perlahan namun pasti, Anda kini telah semakin memahami mekanisme saham di bursa. Beberapa relasi menyebut buku ini sebagai "Akademi Bursa Saham". Manakala Anda telah lulus, sertifikatnya bukan kertas ijasah tetapi uang dollar!

7. Market capitalization (MC)

Adalah angka hasil perkalian *shares outstanding* dengan *stock price* (MC = SO x SP) atau Nilai Pasar suatu perusahaan publik sama dengan **Jumlah Saham** yang beredar di masyarakat **kali Harga Saham**.

Kalau suatu perusahaan mengklaim bernilai sekian milyar dollar tetapi harga sahamnya hanya satu dollar per lembar dan sahamnya hanya beredar sejumlah sepuluh ribu, maka klaim itu tentu tidak benar.

Bagaimana kita tahu suatu perusahaan jujur dalam menarik investor? Memantau dan mencatat secara rutin jumlah peredaran saham perusahaan-perusahaan publik tertentu plus harga sahamnya secara berkala.

Nama Perusahaan	Besaran Modal
Dow Chemical Co	33.6 billions (B)
PPG Industries Inc	10.2B
Cytec Industries Inc	1.8B
Georgia Gulf Corp	451.3M
Chemtura Corp	167.6M

8. Volatility average (VA)

VA adalah angka penyimpangan baku (standard deviation) dari penutupan harga saham tahunan dibandingkan dengan penutupan harga tahunan sebelumnya.

Angka yang tinggi menandakan tingginya perubahan harga (fluktuasi) dibandingkan dengan angka yang rendah dari perusahaan sejenis. Para investor kebanyakan memilih membeli saham perusahaan yang VA-nya tinggi. Anda bebas memilih.

9. Pergerakan harga saham dalam kurun waktu tertentu

Perubahan dan pergerakan harga saham dalam suatu waktu tertentu mencerminkan dinamika perusahaan, karena ada saham perusahaan yang harganya tidak berubah dalam waktu yang relatif lama, misalnya satu minggu atau dua minggu penuh. **Dinamika** ini dapat menjadi komponen dalam pengambilan keputusan untuk membeli atau menjual suatu saham. Bagaimana mengetahuinya? "Memelototi" harga saham setiap hari kerja!

10. S&P 500

Standard and Poor adalah suatu divisi usaha dari perusahaan McGraw-Hill yang juga dikenal di Indonesia.

S&P 500 adalah singkatan dari Standard & Poor 500 companies, yaitu "indeks pasar mengambang bebas" dari 500 perusahaan AS yang sahamnya paling diminati masyarakat AS dan dibeli untuk disimpan dalam jangka waktu yang lama seperti menabung. S&P 500 menjadi acuan kedua setelah Dow Jones Industrial Average (DJIA).

Kalau DJIA hanya menampilkan indeks perusahaan dalam kelompok industri, maka S&P 500 menampilkan indeks beragam perusahaan publik termasuk "mutual fund" dan dana pensiun. Ratusan milyar dollar telah ditanamkan dalam perusahaan yang indeksnya ditampilkan dalam S&P 500. Angka 500 menandakan adanya 500 macam saham perusahaan yang indeksnya ditampilkan dalam S&P 500. S&P 500 juga merupakan bagian dari S&P 1500 dan S&P Global 1200.

11. Index saham.

Adalah besaran angka (point) kenaikan atau penurunan atas sekelompok harga saham. Contohnya adalah DJII (Dow Jones Industrial Index) yang memantau harga saham 30 perusahaan unggulan.

Pada suatu jam tertentu dalam dari tertentu ada beberapa saham yang harganya naik, dan ada pula yang turun, lalu dibuat rata-rata: secara keseluruhan apakah naik atau turun disbanding dengan penutupan harga saham sebelumnya.

DJII sering menjadi acuan investor untuk membeli atau menjual suatu saham *blue chips*. Tahun lalu DJII masih di atas 12.000 points, antara Maret – Oktober 2009 turun di bawah 10.000 dan awal Nopember 2009 sedikit di atas 10.010, dan pada April 2010 telah mencapai di atas 11.000. Apa makna ekonomisnya?

Harga saham masih rendah, trend harga sedang naik, **sekarang adalah kesempatan untuk membeli.** Mungkin anda terlambat, saat gagasan utama isi buku ini diunggah di laman yamoez.com tahun 2010; sedikit sekali peminatnya, sekarang bulan April 2014 index Dow Jones telah melampaui 16.000. Laman ini telah kadaluarsa dan tidak diperpanjang, sebagai gantinya maka buku ini diterbitkan. Sekiranya anda saat itu membeli saham unggulan Dow Jones, maka keuntungan anda sudah lebih dari 68 persen.

Secara singkat indeks saham atau "stock market index" adalah suatu metoda pengukuran sebagian pasar saham.

Beberapa indeks yang ditampilkan oleh perusahaan pelayanan keuangan telah dipakai sebagai acuan atas kinerja (performance) portofolio.

12. Portofolio

Dalam dunia keuangan, portofolio atau portfolio adalah sekumpulan atau sejumlah saham yang dimiliki oleh lembaga atau perorangan. Kalau Anda membeli saham IBM, Boeing, dan Microsoft maka itulah portofolio Anda. Tujuan utama kepemilikan portofolio adalah mengurangi risiko, ini adalah suatu strategi yang disebut diversifikasi. Aset portofolio dapat meliputi saham, obligasi, sertifikat, real estate dll.

Sedangkan portofolio di dunia politik lain lagi. Daripada komputer Anda terus-menerus dipergunakan untuk mengikuti berita pertarungan antara buaya melawan cicak atau kisah markus atau heboh artis, lebih baik sesekali untuk memantau *trading* di bursa saham Wall Stret, BEJ, atau Nikei.

Dalam membangun portofolio, perorangan dan suatu organisasi dapat melakukan analisis sendiri atau menyewa analis dan ahi keuangan. Untuk Anda, tidak perlu menyewa ahli keuangan; buku ini dapat membantu Anda. Kelak, ketika memutuskan untuk melakukan trading sendiri, Anda dapat membayar ahli keuangan yang telah mengerti seluk-beluk bursa saham AS. Ingat, tidak semua MBA lulusan AS mengerti akan liku-liku saham AS.

13. NYSE

New York Stock Exchange, atau bursa saham New York, adalah pusat jual-beli saham di AS dan dunia. Resminya NYSE beralamat di "Jalan Tembok Nomor 11" Kecamatan Manhattan, kota New York, Negara Bagian New York, Kode Pos 10005 AS.

Dari sisi luar gedung tidak ada kesan angker meskipun di dalamnya terjadi perdagangan saham terbesar di dunia yang pernah mencapai 10 triliun dollar. NYSE dioperasikan oleh NYSE Euronext hasil merger NYSE dan Euronext di tahun 2007.

14. NASDAQ

Nasdaq adalah singkatan dari *National Association of Securities and Dealers Automated Quotation*. Nasdaq digelari sebagai "bursa saham AS", suatu pasar saham yang sepenuhnya dilakukan secara elektronik yang meliputi 3.700 perusahaan.

Sedemikian besar modal yang terlibat, sehingga volume transaksi setiap jam lebih besar dari nilai seluruh perusahaan di Bursa Efek Indonesia dan bahkan plus seluruh bursa saham dunia di luar AS. Kekuasaannya membentang sampai ke seberang lautan Atlantik termasuk pemilikan pasar saham di Dubai dan enam pasar saham di Eropa. Nasdaq juga menguasai pasar saham di NYSE.

Tidak mudah bagi setiap perusahaan publik untuk dapat listing di Nasdaq, persyaratannya sangat ketat.

Bahkan ada beberapa perusahaan yang namanya terlempar dari listing akibat tidak melaporkan data keuangan secara tepat waktu. Perusahaan yang namanya terlempar keluar dari Nasdaq, CEO dan CFO-nya 90 persen terkena PHK dan perusahaan itu sendiri tinggal menunggu waktu saja karena hal ini diumumkan di semua bursa dunia. PT. Telekomunikasi Indonesia yang volume perdagangan sahamnya 53.486 saham per 13 Nopember 2009 dan mempunyai shares outstanding 492 juta lembar saham dengan harga $37.48/lembar tidak termasuk di dalam listing Nasdaq tetapi di NYSE. Nasdaq bergabung dengan London Stock Exchange di tahun 1992, dan di tahun 2007 membeli bursa saham Philadelphia -suatu bursa tertua di dunia yang telah ada sejak 1790- seharga 652 juta dollar tunai. Nasdaq inilah rajanya bursa saham dunia.

15. Laporan keuangan

Laporan keuangan perusahaan publik harus tersedia setiap saat dan pelaporannya ke otoritas moneter tidak dapat ditunda, kalau sampai tertunda maka akan ada sanksi seperti delisting, dsb.

16. SEC

Resminya adalah US SEC singkatan dari United States Securities and Exchange Commission, yaitu lembaga independen dari pemerintah AS yang tugas utamanya adalah mengatur dan <u>menegakkan peraturan bursa</u> yang ada. Terlampir surat yang diterima dari US SEC.

Latar belakang didirikannya ialah terjadinya penyalah-gunaan wewenang oleh perusahaan publik atas penawaran dan penjualan saham serta pelaporan keuangan. SEC didirikan berdasarkan pasal 4 UU Bursa AS tahun 1934 setelah terjadinya depresi hebat seusai kejatuhan harga saham tahun 1929 yang diperparah dengan mudahnya bank mengucurkan kredit untuk membeli saham. Saat ini SEC dikenal dengan pasal 18 ayat 78(d) UUB atau "UU '34". MPR AS telah memberi wewenang penuh kepada SEC untuk melakukan penindakan hukum berupa pemberian sanksi administratif terhadap siapapun pelanggar peraturan bursa saham.

SEC juga diberi wewenang penuh untuk melakukan penuntutan hukum di pengadilan AS melalui Jaksa Wilayah atau Kejaksaan Agung AS. Di luar sistim kepolisian, wewenang ini jauh lebih besar daripada yang dipunyai oleh KPK saat ini.

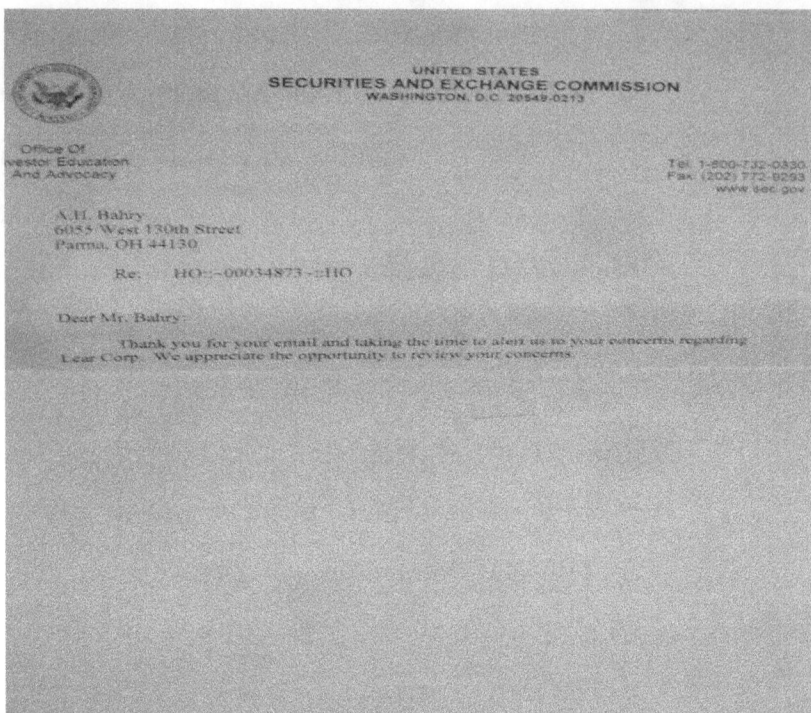

Surat US SEC (Bapepam-nya AS) kepada AR. Bahry

Manakala KPK telah mempunyai wewenang setara dengan SEC, maka baru ia mempunyai gigi yang lebih kuat dari buaya.

Dengan UU tentang SEC ini ada beberapa peraturan-perundangan pemerintah lagi yang disahkan seperti UU tentang Trust tahun 1939, UU tentang Perusahaan tahun 1940, UU tentang penasihat investasi tahun 1940, dll. Di antara UU yang paling terkenal baru-baru ini adalah UU Sarbanes-Oxley tahun 2002.

17. Sarbanes-Oxley Act

Tidak seberapa lama setelah tiba di AS, selama beberapa bulan mengikuti perkembangan kasus bursa yang sedang heboh. Banyak perusahaan publik bernilai milyaran dollar seperti **Enron, Tyco International, Adelphia**, dan **WorldCom** ambruk begitu saja seperi rumah kertas diterjang badai. Milyaran uang investor lenyap bagai ditelan bumi. Reaksi para anggota DPR/MPR AS sedemikian membara karena desakan rakyat yang diwakilinya (konstituen).

Kemarahan masyarakat sudah sedemikian memuncak dan meminta Negara menindak tegas pelaku kecurangan.

Mereka juga menuntut Pemerintah AS membuat peraturan agar tragedi kerugian keuangan yang bernilai milyaran dollar tidak akan terjadi lagi.

Tragedi yang sampai membuat salah satu manajer keuangan Eropa bunuh diri ini, disebabkan oleh dokumen laporan keuangan dan "balance sheet" bodong dari beberapa perusahaan publik.

Adalah **Paul Sarbanes**, Senator Partai Demokrat dari Negara Bagian Maryland, dan Anggota DPR AS **Michael Oxley** yang berasal dari Partai Republik Negara Bagian Ohio yang tergerak mensponsori pembuatan UU tentang Reformasi Akuntansi Perusahaan Publik dan UU tentang Pertanggungan-Jawab Auditing Perusahaan. UU ini disahkan secara mutlak hampir tanpa suara perlawanan pada tanggal 30 Juli 2002, dan kemudian dikenal sebagai UU Sarbanes-Oxley atau Sarbox atau SOX.

Presiden **George W. Bush** mengesahkan UU ini dan memujinya sebagai "reformasi keuangan terbaik semenjak jaman pemerintahan Presiden **Franklin Roosevelt**".

Untuk menguji pengetahuan para MBA lulusan AS, cobalah tanyai mereka tentang UU ini, bukan dari sisi hukum tetapi dari sisi bisnis. Apabila ia mengerti dengan baik dan benar maka ia dapat Anda angkat sebagai penasihat keuangan di perusahaan Anda.

18. Mengambil uang keuntungan trading

Pengambilan untung hanya terjadi setelah penjualan suatu saham yang pernah dibeli sebelumnya. Sebelum menjual saham yang dimiliki, seorang investor tentu mempunyai catatan tentang harga pembelian, *broker fee*, dan harga saham terkini. Keuntungan yang ada dapat diambil berupa uang tunai setelah tiga hari kerja, atau ditanamkan kembali sebagai tambahan modal.

19. Menanamkan kembali keuntungan

Menanamkan keuntungan yang diperoleh setelah penjualan saham harus dilakukan dengan membeli saham lagi, baik saham yang sama yang pernah dijual dan harganya sedang turun, atau dibelikan saham lain.

Keuntungan yang telah diperoleh setelah penjualan saham dan dibiarkan di dalam account seorang investor tanpa digunakan untuk melakukan trading akan menjadi keuntungan statis (mandeg) dan tidak akan dapat turun atau naik nilainya.

20. EPS

Earning Per Share (EPS, atau pendapatan setiap saham) adalah salah satu pertimbangan penting dalam menentukan pembelian suatu saham.

Investor tentu memilih membeli saham perusahaan dengan EPS tinggi dibanding dengan EPS rendah. Rumus EPS = Company Total Earning per Shares Outstanding (EPS = CTE/SO).

Contoh: Apabila CTE adalah $100,000,000 dan SO ada 50,000,000 lembar maka EPS = $2.00 yang dalam istilah matematis didahului dengan angka "+" menjadi +2.00 untuk membedakan dengan "-" yang berarti rugi.

Bagaimana mengetahui EPS suatu perusahaan publik? Jawabnya tentu dengan riset, dan berikut inilah beberapa contoh nyata (2010):

Nama Perusahaan	EPS
Walt Disney Co	+1.76
General Electric Co	+1.12
CBS Corp	+0.4464
Nexstar Broadcasting Group Inc	-1.23
News Corp	-1.27

Dari data di atas, perusahaan penyiaran **News Corp** dan **Nexstar** ternyata mempunyai EPS di bawah nol atau minus. Anda tentu tidak berpikir untuk membeli saham-sahamnya kecuali sudah kebanyakan duit, dan menganggap pembelian saham keduanya sebagai tabungan jangka panjang.

Hal yang masuk akal adalah Anda membeli saham **CBS** suatu perusahaan penyiaran televisi yang terkenal di AS, akan tetapi EPS-nya masih kurang dari 1 meskipun plus.

Lalu Anda putuskan membeli saham **General Electric** atau/dan **Walt Disney** karena EPS-nya plus dan di atas 1. Inilah salah satu cara pengambilan keputusan untuk membeli saham berdasarkan data dan akal sehat. Dahulu pada awal mulai melakukan transaksi saham, pembelian dan penjualan saham hanya berdasarkan **intuisi** dan **spekulasi**; dan ternyata harus membayar mahal untuk mendapatkan ilmu ini, Anda tinggal memetik hasilnya.

21. Capital gain

Keuntungan dari berdagang saham. Apabila Anda membeli 100 lembar saham **Microsoft** seharga $26/lembar dan Anda jual 2 minggu kemudian seharga $29/lembar, maka ($29 – $26) x 100 = $300 adalah capital gain.

Menurut Undang-Undang Perpajakan Baru yang telah ditanda tangani **Presiden Bush** pada tanggal 17 Mei 2006, pajak atas capital gain dan dividen adalah antara 10% sampai 15% tergantung lamanya suatu saham dipegang. Sebelumnya adalah 20%.

22. Initial Capital

Modal awal sebelum memperoleh keuntungan atau mengalami kerugian.

23. Wall Street

Secara fisik, **Wall Street** adalah nama suatu jalan di kecamatan Manhattan kota New York Negara Bagian New York, AS tempat beberapa bursa terkenal dan lembaga keuangan berkantor. Wall Street lalu menjadi metonim dari "penguasa keuangan yang sangat berpengaruh".

24. Dow Jones Industrial Index (DJII)

Adalah suatu besaran yang menyatakan bagaimana saham bursa beberapa perusahaan diperjual-belikan. Makin besar angka makin tinggi harga saham. Indeks ini untuk mengetahui bagaimana kinerja sektor industri khususnya di pasar saham AS. Angka indeks dihitung dari harga saham 30 perusahaan besar AS yang paling banyak diperjual-belikan dan diminati masyarakat.

Redaksi Koran **Wall Street Journal** dan pendiri perusahaan **Dow Jones** Company Mr. **Charles Dow** merancang indeks ini di abad 19 M.

25. Perusahaan saingan

Perusahaan yang sama-sama menjual saham sejenis. Mana pilihan Anda, atas dasar apa suatu saham sejenis dipilih untuk dibeli?

26. Merger

Penggabungan dua perusahaan atau lebih menjadi satu perusahaan dengan tujuan komersial.

27. Akuisisi

Pengambil-alihan suatu perusahaan oleh perusahaan lain.

28. RUPS

Rapat Umum Pemegang Saham.

Terlampir Undangan Rapat Pemegang Saham Perusahaan Pertambangan **Alcoa** untuk rapat tanggal 27 Januari 2010 di August Wilson Center Jalan Liberty 980 Pittsburg, nama pemegang saham yang diundang tertulis di sudut kiri bawah.

Undangan Rapat Umum Pemegang Saham kepada AR. Bahry

29. Broker fee

Biaya yang harus dibayar kepada pialang saham, besarnya tergantung kesepakatan.

30. Ex-date

Istilah ini adalah penyederhanaan dari istilah teknis **Ex-dividend date**, yaitu hari pertama saat pembeli baru yang membeli saham tidak memperoleh dividen yang telah diumumkan.

Contoh: Pengumuman pembagian saham XYZ Coy diumumkan Kamis 19 Nopember 2009 sehari setelah RUPS, maka pembeli saham pada tanggal 20 Nopember 2009 tidak mendapat dividen yang telah diumumkan. Apabila pada tahun berikutnya ia masih memegang saham XYZ Coy dan perusahaan mengumumkan adanya pembagian dividen saham, maka ia baru berhak mendapatkan dividen.

Ex-date adalah **hari paling penting** dalam setahun bagi perusahaan yang mengumumkan dividen, dan juga penting bagi pemilik saham serta **calon pemilik** saham.

Ada suatu rahasia di sini yang tidak semua orang mengetahuinya termasuk MBA lulusan AS yang belum pernah berpengalaman di bursa New York.

Rahasia ini adalah: pada hari tersebut, *ceteris paribus*, pembukaan harga saham **akan turun** sebesar nilai dividen yang diumumkan meskipun belum dibagikan.

Contoh: Seusai RUPS, Perusahaan XYZ yang harga sahamnya $5.34 per lembar mengumumkan pembagian dividen 34 sen dollar per saham. Keesokan harinya atau pada hari kerja pertama setelah pengumuman maka harga saham pada saat pembukaan bursa di pagi hari akan menjadi $5 per lembar. Apabila ternyata penutupan harga saham sore hari itu adalah **sama** dengan harga sehari sebelumnya yaitu kembali ke $5.34, maka dikatakan harga saham tersebut naik sebesar nilai dividen. Hal yang Anda perlu ingat adalah kapan pengumuman dividen atau kapan RUPS, lalu Anda "booking" membeli saham melalui broker untuk saat ex-date.

31. Cum Dividend

Keadaan yang terjadi <u>sehari sebelum</u> pengumuman pembagian dividen.

Hari ini menjadi penting karena para calon investor mengamati dengan saksama cum dividend dan ex-dividend. Tanggal pengumuman pembagian dividen berbeda dengan tanggal pelaksanaan pembagian dividen.

Bagaimana mengetahui dua tanggal tersebut? Dari pengamatan, riset, dan pengumuman perusahaan. Apa makna dua tanggal tersebut bagi calon investor? Manakala harga saham pada *ex-dividend date* tetap sama dengan harga pada saat *cum-dividend*, maka ini adalah suatu **pertanda bahwa suatu saham akan naik harganya** karena kinerja perusahaan yang baik dan memperoleh kepercayaan masyarakat serta telah terbukti menghasilkan dividen. Ini pengalaman, dan ini rahasia yang bahkan konon tidak diajarkan di Harvard sekalipun.

32. Yield

Ini adalah penyederhanaan dari *dividend yield*, yaitu perbandingan dividen tahunan terhadap harga saham, atau dividen per saham dibagi dengan harga per lembar saham.

Hasilnya adalah angka dalam persen. Makin besar angka makin menguntungkan investor. Dari mana mengetahuinya? Riset atas kurang lebih 390 perusahaan AS yang telah terbukti "tahan banting". Salah satu cara riset adalah mencari jawaban atas pertanyaan "apakah suatu perusahaan memenuhi kriteria berikut":

(a) Apakah sahamnya mendapat tanda bintang (*) dari **S&P 500**

(b) Apakah perolehan bintang tersebut (dari * sampai *****) tidak berkurang atau hilang (penambahan adalah selalu berarti baik)

(c) Berapa persen pertumbuhan perusahaan dalam setahun

(d) Berapa banyak *market capitalization* dibandingkan dengan perusahaan sejenis atau saingannya

(e) Calon investor akan berfokus pada kisaran harga saham berapa. Misalnya hanya akan membeli saham yang harganya antara $1.$\underline{00}$ sampai $5.$\underline{00}$ saja berhubung ada saham yang harganya sekitar $1,000.$\underline{00}$/lembar

(f) Pernahkah perusahaan membagikan dividen

(g) Pernahkah suatu perusahaan terlempar dari listing **Nasdaq**, dan apa penyebabnya.

Memang menjawab beberapa pertanyaan ini menjadi rumit, dan inilah manfaat buku ini. Siapapun dapat bersaing, akan tetapi profesionalisme dan pengalaman yang akan menjadi ukuran.

33. Split in dan split out

Dengan alasan tertentu, jumlah suatu saham dapat berkerut dan berkurang, misalnya seorang investor mempunyai 100 lembar saham perusahaan BCD Coy dengan harga $1.$\underline{00}$/lembar, dan perusahaan mengumumkan bahwa jumlahnya kini menjadi tinggal 5 lembar saja. Nah, apakah investor rugi?

Tentu tidak, karena di saat yang sama harga sahamnya naik dua puluh kali lipat menjadi $20.<u>00</u>/lembar. Keadaan ini disebut *split in* suatu gejala luar biasa yang perlu diwaspadai antara kenaikan dan penurunan harga yang tajam dalam waktu mendatang.

Pernah mengalami dua kali kaget, tetapi menyenangkan sekali. Sebaliknya apabila 100 lembar saham menjadi 1.000 lembar, maka harganya akan turun sepersepuluh harga semula. Kondisi seperti ini disebut *split out.*

34. Chapter 11 Filing

Apabila suatu perusahaan mengajukan perlindungan hukum di pengadilan AS berdasar pasal 11 Hukum Perdagangan, maka semua orang tahu bahwa perusahaan tersebut mengalami kebangkrutan, dan pemasok diminta secara hukum agar **tidak** menagih piutangnya saat ini karena sedang **reorganisasi**.

Dari sekian saham yang telah dibeli, setidaknya ada tiga perusahaan yang mengajukan perlindungan hukum berdasar Pasal 11, yaitu General Motor, pemasok suku cadang Delphi dan Lear.

Ini harus dikemukakan secara jujur, agar Anda mendapat gambaran yang utuh. Apakah rugi?

Secara parsial ya, tetapi secara keseluruhan telah terkompensir dengan kenaikan harga saham lain dan telah diatasi dengan teknik hedging. "Jangan menaruh semua telur dalam satu keranjang".

35. Rebound

Pemulihan harga setelah terjadi penuruan, meskipun pemulihan ini tidak kembali penuh ke harga tinggi sebelumnya.

36. Recovery

Pemulihan, biasanya dikaitkan dengan ekonomi. Dalam saham, recovery berarti pemulihan harga ke tingkat harga tinggi sebelumnya, atau mendekati.

37. Forex Trading

Ini adalah penyederhanaan dari **Foreign Exchange Trading**, biasanya disingkat lagi menjadi forex. Perdagangan valuta atau mata uang asing.

Forex menjadi menarik manakala Negara pemilik mata uang adalah Negara yang kokoh secara ekonomi dan tidak mudah goncang. Mata uang asing yang terkenal adalah Euro yang pada saat pertama kali diberlakukan nilainya adalah 1:1 terhadap dollar, kini perimbangan telah berubah jauh.

Forex berisiko, memerlukan keahlian tertentu, dan fluktuasinya kecil tetapi terkadang mengejutkan. Salah satu contoh risiko besar yang ditanggung pelaku perdagangan forex adalah pembelian Dinar Irak. Contoh yang menarik adalah *yendaka*, yaitu naiknya nilai tukar mata uang Yen Jepang terhadap dollar AS.

Kalau nilai Rp menguat terhadap dollar AS, maka Pemerintah dan semua pengusaha senang karena hutangnya dalam dollar menjadi lebih ringan atau lebih mudah dibayar karena memerlukan lebih sedikit Rp untuk memperoleh dollar yang sama. Dampaknya adalah peningkatan ekspor produk Indonesia.

Akan tetapi yendaka yang semestinya suatu kondisi yang positif ini menjadi momok bagi pengusaha dan pemerintah Jepang karena harga produk Jepang yang diekspor menjadi kurang kompetitif dibanding dengan produk sejenis buatan Korea atau China.

Dampaknya adalah penurunan ekspor Jepang. Di sini risiko forex menjadi sangat nyata. Yendaka tertinggi selama 14 tahun yang terjadi pada **26 Nopember 2009** inilah yang dikeluhkan Presiden Toshiba Corporation, Norio Sasaki.

Ini adalah ilmu yang makin memperkaya khazanah pengetahuan Anda. Buku ini tidak hanya memberikan keuntungan saja kepada Anda, akan tetapi juga ilmu pengetahuan.

38. Derivative Trading

Tidak ada risiko yang melebihi besarnya risiko derivative trading. Jenis trading inilah yang pada tahun 1995 telah menenggelamkan **Barings PLC** suatu bank besar di Inggris yang pernah digelari "Bank Ratu".

Secara turun-temurun Ratu dan keluarga kerajaan Inggris menjadi nasabah bank terkenal yang didirikan tahun 1762 ini.

Pada saat berusia 233 tahun, ia ambruk secara spektakuler karena derivative trading yang dilakukan oleh **Nick Leeson** salah seorang fund manager Barings PLC. Bank harus kehilangan uang sebesar £827 juta atau $1,3 milyar atau sekitar Rp 13,000,000,000,000,- (baca tiga belas triliun) karena kalah dalam *future contract*.

Kasihan mereka roboh; lihat, kita kehilangan Rp 6,7 triliun dalam kasus Bank Century dan tunang-tenang saja. Cerita penutupnya sangat dramatis, bank Barings PLC yang pernah malang melintang ini dibeli ING dengan harga hanya £1 saja. Penjelasannya terlalu teknis finansial dan memerlukan berbagai ilustrasi untuk menjelaskannya. Hanya ada satu hal yang penting: betapapun hebat seorang account executive merayu Anda untuk melakukan derivative trading, jawablah dengan tegas "TIDAK, terima kasih". Pastikan ia tidak akan menelpon lagi, apalagi datang.

39. Commodity Future Trading

Perdagangan kontrak ijon (jual di depan) hasil bumi. Sekitar tiga bulan sebelum tiba masa panen, komoditi hasil bumi seperti kedelai, kacang merah, kepompong ulat sutera, dll telah diperjual-belikan. Minyak mentah termasuk salah satu future trading juga karena sangat diperlukan oleh banyak pihak.

Salah satu manfaatnya adalah (dari sisi petani/penghasil) menjamin stabilitas harga saat panen agar harga tidak turun terlalu rendah. Di samping itu manfaat (dari sisi konsumen) adalah menjamin pasokan pasar dengan kesepakatan agar petani tidak menyimpan hasil panennya yang dapat berakibat melonjaknya harga berhubung komoditi tersebut sangat vital bagi masyarakat sekitar. "Kontrak jual di muka" ini lalu berkembang menjadi spekulasi dan lahirlah **commodity future trading** di Tokyo, Jepang dan di seluruh dunia.

Di tahun 1975-1976 pernah berpengalaman menjadi salah satu account executive dari perusahaan jenis ini yang berkantor di gedung BNI Jalan Hayam Wuruk. Perusahaan ini bertindak sebagai broker perdagangan bursa komoditi Tokyo. Pendapatan sangat baik akan tetapi hanya sebentar karena perusahaan sejenis ini ditutup oleh Pemerintah RI. Ada beberapa hal yang diperoleh yaitu pengetahuan dan pengalaman dengan bursa saham internasional jauh sebelum ada BEI (2007) dan IHSG (1983).

40. Stock Trading

Adalah perdagangan saham perusahaan publik.

41. 401(k)

Dana pensiun karyawan AS. Istilah "401(k)" berasal dari peraturan pajak AS (IRS), yaitu pasal 401 UU Pendapatan Dalam Negeri.

Dana pesiun ini dipotong dari gaji bulanan, lalu ditanamkan di pasar uang, bursa, dana bersama, obligasi dll. dan dikelola secara professional, hasilnya dikembalikan ke karyawan yang memasuki masa pensiun. Ada aturan yang menguntungkan dari 401(k) ini yaitu sebagaian uang gaji yang ditanamkan di dana pensiun tidak terkena pajak. Misalnya gaji tahunan karyawan $22,000.00 dan $2,000.00 di antaranya langsung dipotong dan dimasukkan dana pensiun, maka dalam laporan tahunan pajak pandapatan dihitung dari ($22,000.00 - $2,000.00) kali tarif pajak.

42. IRA

IRA adalah akronim dari **Individual Retirement Arrangement** atau rencana/ tabungan pensiun pribadi. IRA mendapat keringanan pajak.

43. Roth-IRA

Adalah jenis lain dari tabungan pensiun pribadi dengan keringan pajak khusus.

Nama Roth IRA diambil dari mendiang Senator **William Roth** dari Delaware pengusul pensiun jenis ini.

44. Mutual Fund

Dana Bersama. Dana ini dikumpulkan dari beberapa pihak/investor secara kolektif kemudian ditanamkan di saham, obligasi, pasar uang dan sekuritas lainnya. Dana Bersama mempunyai *fund manager* tersendiri yang menjalankan uang yang sudah terkumpul untuk trading. Hasilnya, baik untung atau rugi secara tahunan akan dibagi bersama di antara investor.

45. Bond

Bond sering diartikan sebagai "debt security", atau surat utang atau obligasi. Dalam bond, penerbit surat utang mengaku berhutang sejumlah uang kepada pemegang surat hutang dan berkewajiban membayar bunga tetap sejumlah yang telah disepakati (dalam kupon bunga) dan/atau membayar seluruh hutang pada saat jatuh tempo.

Bond biasanya berupa pinjaman jangka panjang. Bond hampir sama dengan pinjaman, yaitu penerbit surat utang adalah penghutang (debtor), pemegang surat hutang adalah pemberi pinjaman (creditor), dan kupon adalah bunga. Certificate of Deposit (CD) yang diterbitkan pemerintah atau commercial paper tidak termasuk bond, tetapi "instrument pasar uang". Bond dan saham adalah sama-sama jenis sekuritas. Perbedaan yang utama adalah saham mengacu kepada pemilikan perusahaan dan tidak ada jatuh temponya, sedangkan bond mengacu kepada pinjaman dan ada jatuh temponya. Ada jenis bond yang tidak ada jatuh temponya, yaitu *consol bond*.

46. Insurance, premium

Insuransi sering diterjemahkan menjadi asuransi. Asuransi adalah salah satu dari beberapa cara mengatasi risiko kerugian. Sebagaimana kita telah tahu cara lainnya adalah hedging.

Dalam asuransi, suatu risiko yang mungkin timbul di kemudian hari **dipindahkan ke pihak lain** dengan "ganti rugi" sejumlah pembayaran yang disebut dengan premium atau premi. *Insurer* adalah perusahaan penjual asuransi, *insured* atau pemegang polis asuransi adalah perorangan atau lembaga yang membeli asuransi.

47. Pajak atau Taxes (federal, state, city)

Negara hidup di atas pajak. Tanpa pajak banyak hal yang mandeg, dan dengan pajak banyak hal menjadi mungkin.

Secara umum ada tiga macam pajak: federal, state, city. Pajak federal ditarik oleh pemerintah federal dan digunakan untuk berbagai kepentingan semua Negara Bagian.

Contohnya seperti pertahanan, pengadaan atau perbaikan jalan bebas hambatan lintas Negara Bagian, gaji pegawai pemerintah pusat, gaji senator dll. Pajak state/Negara Bagian digunakan secara otonomi oleh Pemerintah Negara Bagian di bawah pimpinan Gubernur.

Pajak city atau kota madya dikelola oleh kota madya di bawah pimpinan Wali Kota.

48. Corporate bond

Surat hutang yang diterbitkan oleh suatu perusahaan.

49. Federal bond

Surat hutang yang diterbitkan oleh Pemerintah Federal.

50. Municipal bond

Surat hutang yang diterbitkan oleh suatu Negara Bagian.

51. Hak pemilik saham

Menurut UU AS, seorang pemegang saham mempunyai beberapa hak:

(a) Hak Utama, yang diperluas maknanya dengan hak untuk menikmati keuntungan perusahaan (menerima dividen), dan hak residual manakala perusahaan dilikuidasi.
Hak menerima dividen ini meliputi:

(a1) dividen berupa uang tunai

(a2) dividen berupa saham

(a3) dividen berupa property

(a4) pemecahan saham (split, dari 1 menjadi beberapa), dan

(a5) pengerutan saham (reverse split, dari beberapa menjadi 1)

(b) Hak mengadiri Rapat Umum Pemegang Saham (RUPS) dan hak suara dalam segala hal yang berkaitan dengan kepemilikan saham, meliputi:

(b1) perubaan Anggaran Dasar Perusahaan

(b2) merger dan akuisisi

(b3) rekapitalisasi

(b4) reorganisasi financial

(b5) pemilihan pimpinan perusahaan

(c) hak pre-emptif, yaitu hak yang didahulukan sebelum pihak lain ditawari, misalnya apabila perusahaan menerbitkan saham baru, maka pemegang saham mempunyai prioritas membelinya sebelum ditawarkan ke bursa.

52. Ceteris paribus

Berasal dari bahasa Latin, diterjemahkan menjadi "dengan hal-hal yang lain tetap sama seperti semula". Biasanya dipergunakan untuk menerangkan hubungan antara dua hal dengan mengasumsikan tiadanya intervensi dan pengaruh pihak ketiga. Contoh: Dengan EPS +2 dan pertumbuhan perusahaan 5% setahun, maka *ceteris paribus*, harga saham RIJ akan naik bulan depan sebesar kurang lebih 2%. Ini adalah saat tepat membeli saham.

53. MRQ (Most Recent Quarter)

Ini adalah pelacakan harga saham dalam satu kuartal terakhir berhubung perusahaan publik mengumumkan kinerja perusahaan setiap kuartal.

54. TTM (Trailing Twelve Months)

Untuk lebih mempertajam analisis harga saham suatu perusahaan, maka perlu dilacak pergerakan harga sahamnya selama satu tahun penuh.

MRQ dan TTM adalah komponen sangat penting dalam pengambilan keputusan **sebelum** membeli suatu saham. Bagaimana mengetahuinya? Tentu dengan riset.

55. Preferred stock holders

Ialah pemegang saham utama, biasanya mereka adalah pihak-pihak yang memulai suatu perusahaan. Pemegang saham ini mempunyai hak menerima dividen sebelum pemegang saham biasa (umum), dan manakala perusahaan mengalami kebangkrutan maka mereka mempunyai hak menerima asset perusahaan terlebih dahulu dibanding dengan para pemegang saham umum.

56. Right Issue

Penawaran pembelian saham baru kepada pemegang saham lama sebelum ditawarkan kepada umum.

57. Eurobonds

Obligasi yang dijual di suatu Negara tetapi dinyatakan harga/nilainya dalam mata uang asing.

Karena hal ini pertama kali terjadi di Eropa maka dinamakan Eurobond. Contoh: Penjualan obligasi PT. XYZ Indonesia dalam denominasi poundsterling. Apabila penjualan obligasi ini dalam dollar AS, maka disebut Yankee bond. Apabila penjualan saham ternyata bodong maka disebut Monkey bond.

Apakah Anda masih ingat kasus raibnya uang dana pensiun tentara Amerika di salah satu perusahaan di Indonesia?

58. Toxic Asset

Pada umumnya mempunyai asset berupa rumah atau tanah sering dianggap sebagai asset berharga karena nilainya selalu naik dan dapat dijadikan agunan kredit bank.

Akan tetapi telah datang masanya asset semacam ini dianggap merugikan pemilik karena berbagai alasan ekonomis. Aset semacam ini disebut sebagai **toxic asset** atau harta beracun.

Pada saat ekonomi AS mengalami resesi di tahun 2008 – 2009 banyak bank yang menjual rumah hasil sitaan dari penunggak kredit, terkadang dengan harga yang sangat tidak masuk akal murahnya. Suatu rumah di dalam kota dengan luas bangunan 300 m2 di atas tanah seluas 400 m2 hanya dijual dengan harga $1,250 atau setara dengan Rp 12.500.000 saja. Untuk lebih memahami kasus ini secara rinci dipersilakan melihat Quiz studi kasus.

Beberapa istilah teknis tersebut baru sebagian dari seluruh istilah yang berkaitan dengan saham. Namun secara ringkas dapat memperkaya pengetahuan Anda akan seluk-beluk saham khususnya yang diperjual-belikan di bursa AS. Silakan memberikan koreksi kalau ternyata Anda menemukan kesalahan. Terima kasih.

V. MEMBACA SITUASI

Membaca situasi artinya kita waspada akan kejadian sehari-hari yang mempunyai kemungkinan mempengaruhi pergerakan harga saham. Marilah kita tinjau beberapa kejadian dalam kehidupan sehari-hari di AS. Ini adalah suatu studi kasus nyata.

1. Olah Raga

Semua orang AS suka olah raga atau siaran olah raga di TV. Apa hubungannya saham dengan olah raga? Seorang bintang olah raga ditangkap polisi karena membunuh anjing yang kalah dalam adu anjing, tidak enak memang untuk diceritakan secara gamblang karena menyangkut kekerasan sekalipun terhadap binatang. Berita penangkapannya menjadi sensasi di koran-koran terutama dalam karikatur, radio, televisi terutama *talk show*.

Singkat cerita bintang olah raga yang kemarin masih menjadi pujaan para penggemar kini berubah menjadi layu dan dicela oleh semua orang. Bintang olah raga ini sedang dalam kontrak iklan dengan sebuah perusahaan publik untuk lebih mendorong penjualan.

Anda tentu dapat menebak kemana arah cerita ini bermuara. Penjualan produk yang diiklankan oleh bintang olah raga ini berangsur turun, dan produsen mengumumkan tidak akan menggunakan bintang olah raga ini lagi sebagai bintang iklan dalam mepromosikan produknya. Urutan kejadian berikutnya adalah harga saham perusahaan ini menjadi turun.

Pecinta olah raga hanya melihat kekerasan terhadap binatang oleh seorang bintang olah raga dari sisi **kejadiannya** saja, sedangkan investor di bursa saham melihat **dampak kejadian** terhadap harga saham. Suatu pendekatan yang berbeda untuk satu insiden yang sama.

2. Perlindungan Pasal 11

Perusahaan sebesar General Motor yang telah merajai dunia otomotif selama 70 tahun ternyata harus meminta perlindungan pengadilan dari tagihan para pemasok. Proses di pengadilan ini dikenal sebagai *Protection under Chapter 11* agar perusahaan masih dapat beroperasi sementara pemasok juga tidak dirugikan. Salah satu langkah Pemerintahan Obama untuk mempertahankan perusahaan kebanggaan Amerika ini adalah memberikan payung keselamatan atau bail-out. Istilah bail-out ini diambil dari dunia penerbangan militer, kalau ada pesawat tempur mengalami suatu darurat, maka pilot masih dapat menyelamatkan diri dengan melompat keluar menggunakan payung terbang. Sebelum pemerintah memberikan bail-out berupa uang milyaran dollar dengan imbalan pemilikan-serta atas sebagian saham di GM, Presiden Obama meminta **Wagoner** CEO GM agar memberikan program kerja selama dan setelah bail-out. Wagoner yang sedang dilanda berbagai persoalan perusahaan ternyata terlambat menyampaikan penjabaran program kerja GM sesuai jadwal yang telah diminta Presiden.

Minggu berikutnya Presiden Obama memberi tahu manajemen GM bahwa kalau masih menginginkan bail-out maka tolong Wagoner dipecat. Perusahaan tidak mau kehilangan uang pinjaman hanya karena mempertahankan seorang karyawan, alhasil Wagoner yang pernah berjasa menaikkan omset GM hari itu diminta mengundurkan diri. Pengunduran dirinya menjadi berita besar, **dampaknya** harga saham GM yang telah melorot menjadi semakin kedodoran. Di saat inilah beberapa ratus lembar saham GM dibeli dengan perhitungan setelah bail-out harga akan "sedikit pulih" meskipun tidak setinggi harga pucak.

3. hp

Hewett-Packard (*hp*) membuat sensasi dengan mengangkat Fiorina seorang *public figure* yang cantik dan mempunyai relasi luas sebagai CEO, meskipun demikian ia belum terbukti mempunyai rekor kerja yang bagus. Keputusan perusahaan untuk mengangkat Fiorina ini menjadi sensasi dan berhasil menaikkan penjualan produk *hp*.

4. Ambac

Ambac Finance Group Inc adalah perusahaan yang bergerak di bidang keuangan khususnya asuransi. Asuransi adalah "kewajiban" bagi masyarakat AS. Pada penutupan trading hari Jumat tanggal 11 Nopember 2009, harga saham Ambac hanya mencapai $0.77 atau tujuh puluh tujuh sen dollar. Menurut data dan statistik harga ini terlalu sangat murah untuk sebuah perusahaan keuangan dengan peredaran saham sebanyak 22.154.261.

Marilah kita telusuri kisah lanjutannya. Dalam minggu yang meliputi tanggal 11/12/09 harga per lembar saham Ambac pernah mencapai @1.10, dalam waktu enam bulan ke belakang harganya pernah mencapai $1.80, dalam satu tahun pernah berada pada $1.75; dan dalam masa 5 tahun ke belakang pernah mencapai $80.

Keterangan: dalam $ tanda **titik** berarti desimal, sedangkan dalam Rp. desimal ditulis di belakang **koma**. Contoh $1.10 dibaca satu dollar sepuluh sen. $1,234.56 dibaca seribu dua ratus tiga puluh empat dollar lima puluh enam sen. Rp. 1,10 dibaca satu Rupiah sepuluh sen; Rp. 1.234,56 dibaca seribu dua ratus tiga puluh empat Rupiah lima puluh enam sen. Apa makna kasus Ambac ini?

Fluktuasi harga saham Ambac cukup tinggi, dalam masa hanya satu minggu telah turun 33 sen, dalam enam bulan telah turun $1.03; dalam setahun telah turun $0.98 dan dalam 2-5 tahun telah turun $79.23 atau turun Rp. 790.000,- per lembar.

Apa makna ekonomisnya dan apa tindakan kita?

Bagi yang berpikiran **pesimis**: untuk apa membeli harga yang sahamnya turun sedemikian parah.

Bagi yang berpikiran **optimis**: beli sekarang 1.000 lembar, harganya tidak sampai seribu dollar. Suatu saat akan naik, perusahaan sebesar Ambac tidak akan membiarkan harga sahamnya turun.

Tidak perlu menunggu pemulihan harga mutlak atau kembali ke harga $80, cukup dengan harga hanya $2 per lembar, maka keuntungan menjadi $1.23 x 1,000 = $1,230. Anda bebas memilih.

VI. SIMULASI MELAKUKAN TRADING DI BURSA NEW YORK

Memahami apa yang telah Anda baca akan menjadi semakin bermakna dan sempurna manakala Anda mempraktekkannya dalam kondisi bursa saham New York yang sebenarnya. Semua yang akan Anda lakukan adalah persis seperti praktek berikut, hanya bedanya saat ini tanpa menggunakan uang sepeserpun. Anda dapat menilai diri sendiri apakah telah siap melakukan transaksi yang sebenarnya atau memerlukan persiapan tambahan. Simulasi ini dapat berubah dari waktu ke waktu, Simulasi mengasumsi bahwa anda mempunyai akun di suatu broker AS dan mempunyai opsi transaksi.

1. Perlengkapan yang diperlukan:

(1) Komputer yang dilengkapi fasilitas internet

(2) Akun Surat Elektronik

(3) Alat tulis dan buku catatan transaksi saham yang dapat dibuat sendiri untuk melacak tanggal, bulan, tahun, jumlah saham, nama saham, harga beli saham, harga penutupan saham hari itu, nilai pasar, harga jual; dll. Contoh:

20/04/2010					
Jml Saham	Saham	Harga Beli	Hrg Hari Ini	Nilai Pasar	Ket.
200	Alcoa	13.04	14.01	2.802	Naik
100	Georgia	20.12	19.34	1.934	Turun
500	Gen. Motor	0.34	0.34	170	-

Atau seperti contoh lain berikut ini:

	20/4/10	20/4/10	21/4/10	22/4/10	23/4/10
200 Alcoa @ 13.04 23/4/10 100 Lbr					Jual 100 @ 15.01
100 Nok @ 20.12					
500 ALU @ 0.34 22/4/10 + 250 = 750 Lbr				Beli 250 @ 0.31	

2. Tahap yang dilakukan:

(4) Jalankan internet di komputer Anda

(5) Aktifkan **internet**

(6) Cari topic **Finance**

(7) Atau cari harga saham dengan simbol **AA**, dan catat harganya di buku

(8) Anggaplah Anda sudah mempunyai deposit yang cukup untuk membeli saham, dan saat ini membeli saham Alcoa dengan simbol AA sebanyak 200 lembar.

(9) Cari harga saham dengan simbol **Nok**, dan catat harganya di buku setelah "membeli" 100 lembar

(10) Cari harga saham dengan simbol **ALU** dan, dan catat harganya di buku. Anda sedang membeli saham perusahaan elektronik sebanyak 500 lembar

(11) Hitunglah harga semua pembelian Anda, yaitu jumlah lembar dikalikan masing-masing harganya ditambah broker fee @ $9.00. Anda membeli 3 jenis saham maka fee adalah $9 x 3 = $27.

(12) Catatlah pergerakan harga saham selama sebulan atau lebih, lalu kita lihat pergerakan harganya.

3. Tahap yang dilakukan selanjutnya:

(13) Anda memantau harga saham yang telah Anda "beli" selama beberapa minggu sampai kurang lebih sebulan.

(14) Hitunglah selisih seluruh harga saham saat ini

dibandingkan dengan seluruh nilai beli sebelumnya. Catat keuntungan dan kerugiannya.

(15) Dalam praktek yang sesungguhnya, Anda bebas menentukan membeli atau menjual menurut pertimbangan terbaik.

Catatan: Ada saatnya harga naik tetapi masih ditunggu naik lebih tinggi sebelum dijual, atau ada harga turun tetapi ditunggu beberapa saat agar naik kembali sebelum melakukan keputusan untuk menjual atau membeli lagi.

VII. KEYAKINAN AKAN KEBERHASILAN

Tanpa terasa waktu telah berlalu 18 bulan dari saat pertama kali resesi dunia melanda dunia di pertengahan tahun 2008. Banyak tokoh politik dan pemerintahan dunia dengan tegas mengelak bahwa resesi memang benar pernah terjadi. Mereka telah dengan sengaja membohongi publik "dengan maksud baik" agar resesi tidak semakin parah. Walau bagaimanapun, mereka tetap berbohong. Kehancuran ekonomi dunia tiada lain melainkan karena mereka memerlukan uang yang sedemikian besar untuk hal-hal yang tidak perlu seperti membiayai konflik dll, dan bukan untuk berbisnis murni dan langsung. Lihatlah konflik dan kekerasan ada di mana-mana di seluruh dunia. Manusia telah lebih haus darah dibanding haus uang. Biaya bisnis selalu dapat diprediksi, tetapi biaya konflik tidak.

Sebagaimana telah dibahas sekilas dalam Bab V tentang "Membaca Situasi", kita telah tahu bahwa ini artinya kita waspada akan kejadian sehari-hari yang mempunyai kemungkinan mempengaruhi pergerakan harga saham, baik naik ataupun turun. Hampir setiap hari koran-koran memberitakan pemutusan hubungan kerja (PHK) yang terjadi di semua sektor usaha bahkan sampai ke departemen milik Pemerintah. Seorang teman yang berkerja di sektor transportasi memberitahukan bahwa perusahaan tempat ia bekerja tanpa diendus oleh wartawan telah mem-PHK 40.000 (empat puluh ribu) karyawan di tahun fiskal 2008/2009. Sebuah perusahaan baja di kota tempat tinggal telah mem-PHK puluhan ribu karyawan dan menjual pabriknya untuk diubah menjadi deretan mall yang megah. Pabrik mobil besar yang telah malang melintang di dunia otomotif selama 70 tahun telah rontok seperti daun kering dihembus angin. Pabrik mobil yang pernah memproduksi jutaan mobil telah mem-PHK jutaan karyawan di seluruh dunia, belum termasuk sekian juta lainnya yaitu para karyawan perusahaan pemasok suku cadang mobil yang terkena dampak yang dahsyat. Tidak pernah terpikirkan oleh mereka semuanya bahwa suatu saat perusahaan besar tempat mereka bekerja akan terhempas hanya dalam hitungan bulan, mereka merasa aman dalam lingkup industri besar pembuat mobil.

Dampak ikutannya tidak kalah dahsyatnya: para karyawan yang tinggal di rumah mewah dan mengendarai beberapa mobil mewah yang setidaknya ada dua mobil untuk setiap keluarga, tiba-tiba tidak lagi mampu membayar kredit rumah dan mobil karena terkena PHK. Banyak mobil ditarik oleh bank dan banyak keluarga diusir ke luar rumah mereka karena *foreclosure* keterpaksaan mengakhiri kredit rumah karena tidak mampu membayar. Aset yang menggunung milik bank hasil sitaan inilah yang kini menjadi *toxic asset* alias harta beracun: dibiarkan dipakai oleh penghutang tidak boleh, tetapi dijual tidak ada yang mau dan mampu membeli. Sementara itu harga makanan dan minuman naik sekian persen tanpa ada yang peduli; dan banyak gelandangan tidur di tepi jalan.

Pada situasi dan posisi semacam ini, ternyata masih ada beberapa orang, tidak banyak memang, yang masih memikirkan bagaimana memulihkan ekonomi dunia agar tidak kebablasan seperti pernah terjadi di tahun 1930. Mari kita simak sebagian upaya pemulihan ekonomi dunia berikut:

1. Dengan sedikit malu tetapi terpasa Gubernur Bank

Sentral mengakui bahwa benar telah terjadi resesi ekonomi.

2. Para wakil rakyat sepakat meminta Pemerintah untuk membantu perusahaan yang sedang roboh agar dapat tegak kembali betapa besarpun biayanya, karena banyak di antara perusahaan semacam ini yang "too-big-to-fail". Dampak kerugiannya akan lebih hebat kalau dibiarkan bangkrut a.l. semakin banyaknya pengangguran. Kondisi bank gagal yang "apakah dapat berdampak sistemik", diputuskan dalam rapat terbuka DPR, bukan keputusan segelintir orang!

3. Pemerintah dengan terbuka mengumumkan adanya penyelamatan darurat bagi keluarga yang terusir dari rumah kerena tidak dapat membayar kredit.

4. Pemerintah dengan terbuka mengumumkan adanya beberapa nomor telpon gratis dan konsultasi gratis bagaimana cara mengatasi dan menyiasati saat hutang membelit mereka.

5. DPR menyetujui penggunaan uang rakyat sebesar $700 biliun atau sekitar Rp. 700.000.000.000.000.000 (baca tujuh ratus ribu triliun) untuk dipinjamkan ke beberapa perusahaan besar agar selamat dari kebangkrutan. Semuanya transparan. Siapa dapat

berapa dan untuk apa dapat dilihat datanya setiap saat.

6. Di tengah badai hebat ini ada satu hal yang membuat jutaan rakyat AS terpana dan sebagian mereka tanpa terasa menitikkan air mata ketika koran-koran AS memberitakan di halaman depan bahwa Gubernur Bank Sentral **Ben Bernanke** ternyata tidak mempunyai rumah kecuali rumah sederhana yang sedang ditinggali, itupun kreditnya belum lunas. Ia tidak mempunyai *safe deposit* untuk menyimpan duit. Mobilnyapun hanya satu, ukuran kecil dan kredit lagi; padahal dia adalah penguasa uang dunia yang kekuasaannya lebih besar dari Presiden AS! Kalau mau, ia dapat saja menerima upeti dari perusahaan-perusahaan besar tetapi pasti ketahuan dan hal ini akan membuatnya <u>malu serta terhina</u> di depan publik.

7. Di tahun 2008/2009 beberapa warga mendapat stimulus keuangan dan pengembalian pajak dari Pemerintah sebesar kurang lebih $2,000 (dua ribu dolar) dan di tahun 2009/2010 mendapat bonus pembelian rumah baru sebesar $8,000 (delapan ribu dolar).

Lalu apa manfaatnya hal ini kita bahas di sini, mereka jauh dari Tanah Air bukan, dan tidak semua Anda pernah mendengar kejadian ini secara rinci?

Kita telah melakukan beberapa langkah yang penting dan tetap menyimpan daftar banyak perusahaan publik yang menerima/tidak menerima dana talangan Pemerintah yang harga sahamnya sedang sangat rendah dengan perhitungan suatu saat akan naik. Dan inilah yang saat ini sedang terjadi. Kita mempunyai pilihan: menyimpan uang di bawah bantal, atau membeli saham perusahaan di bursa. Setiap kondisi kerugian adalah hanya satu sisi dari beberapa sisi yang semestinya kita dapat menarik manfaatnya, yaitu membeli saham yang harganya sedang jatuh, khususnya setelah resesi dan krisis keuangan Yunani April 2010! Waktu membelinya adalah sekarang, esok mungkin sudah sangat terlambat, harga sudah kembali naik.

VIII. BONUS

Sebagai bukti bahwa anda telah memahami isi buku ini, maka anda tentu dapat menjawab semua pertanyaan berikut dengan benar atau minimal 75 persen di antaranya

HAPPY QUIZ

Petunjuk:

1. Happy Quiz ini adalah kuis santai, sekedar menyegarkan ingatan akan isi buku yang telah kita baca. Menjawab boleh, tidak menjawab juga boleh.

2. Anda juga tidak harus mengirim jawaban melalui pos sebelum 31 Januari 2015 ke alamat yang terdapat di laman **voicefromamerica.com**; tetapi siapa tahu ada kejutan untuk anda.

Selamat mengikuti Quiz. Semoga menambah pengetahuan.

1. Sebuah studi kasus:

Nama Perusahaan	E P S
Georgia Gulf Corp	-103.12
Dow Chemical Co	-1.60
PPG Industries Inc	1.60
Chemtura Corp	-3.67
Cytec Industries Inc	-7.66

Dari data tersebut diperoleh kesimpulan bahwa di antara 5 perusahaan publik tersebut di atas, Georgia Gulf Corp (GGC) memiliki EPS paling parah yaitu **minus 103 lebih**, artinya **tidak** ada harapan sama sekali untuk memperoleh pendapatan dari dividen saham. Akan tetapi, tunggu, ada seorang investor eksentrik yang nekat membeli saham GGC sebanyak 500 lembar. Apa yang sebenarnya menjadi dasar pertimbangan investor ini?:

(a) Ia baru mendapat warisan, keputusannya hanya berdasar intuisi dan petunjuk paranormal.

(b) Dengan EPS dan TTM yang rendah ia berkesimpulan bahwa harga saham adalah teramat rendah, ia hanya mengharapkan kenaikan harga saham, bukan dividen saham.

(c) Meskipun EPS dan TTM rendah akan tetapi *shares outstanding* 33 juta, dan *market capitalization* $451.3 juta yang masih cukup tinggi menandakan pembeli masih banyak dan kepercayaan masyarakat masih tinggi.

(d) Jawaban **b** dan **c** benar semua.

2. Sering kali terjadi, harga saham perusahaan publik milik Warren Buffett naik atau turun sampai

dengan $1,000.00 per lembar dalam sehari, sehingga kalau seorang investor meminjam "uang panas" selama satu minggu tanpa bunga dan mendapat keuntungan $10,000.00 minus broker fee sekitar $10 dan pajak masih menguntungkan. Investor yang sering melakukan "short selling" senang sekali dengan kondisi ini. Tetapi ada kendala serius, yaitu harga per lembar saham sekitar $100,000.00. Ada seorang investor yang tidak mau latah meskipun ia mempunyai uang yang cukup untuk membeli 10 lembar saham. Ia lebih memilih membeli saham Boeing dan PT. Telkom Tbk dengan total nilai beli senilai $500,000. .00. Investor yang berkepala dingin ini mempunyai petimbangan tersendiri:

(a) Ia sangat nasionalis, sehingga saham PT. Telkom Tbk di NYSE menjadi pertimbangan pertama.

(b) Untuk short selling (minimal 3 hari kerja dari 5 hari kerja seminggu), persentase keuntungan dalam seminggu atas pembelian saham Boeing dan PT. Telkom Tbk secara keseluruhan adalah di atas 1.5 persen dibanding keuntungan saham perusahaan Warren Buffett yang meskipun nominalnya tinggi tetapi persentasenya lebih rendah yaitu hanya 1 persen.

(c) Boeing dan PT. Telkom Tbk secara keseluruhan mempunyai market capitalization yang lebih besar dari perusahaan milik Buffett.

(d) Jawaban **a, b** dan **c** benar semua.

3. Ini adalah studi kasus nyata, nama dan angka adalah yang sesungguhnya. Saham Perusahaan Tambang Alcoa yang dijual di NYSE mencatat penutupan harga $13.06 pada hari Senin 23 Nopember 2009, turun $0.07 atau 0.53% dari hari Jumat minggu sebelumnya. Harga saham terendah dalam setahun ini adalah $4.49/lembar dan harga tertinggi adalah $15.11/lembar dengan rekor harga tertinggi dalam 5 tahun adalah $40/lembar. Jumlah saham outstanding adalah 974 juta lembar dengan peredaran pada hari itu 22.144.246 lembar. Perusahaan ini mempunyai *rating* empat bintang dari S&P 500. Nilai pasar perusahaan ini adalah $12.7 biliun dengan rata-rata peredaran saham harian 22.9 juta selama 10 hari terakhir. Ex-date adalah 4 Nopember 2009. Catatan ini sangat mengesankan, sayang ada dua hal yang mengganjal: **EPS minus 2** dan yield hanya 0.91%. Sebagai fund manager, Anda telah melakukan riset

dan mendapatkan data lengkap tersebut. Setelah itu Anda memutuskan salah satu yang terbaik:

(a) Mencari saham perusahaan lain yang lebih menguntungkan, tetapi saat ini belum tahu, mungkin membeli Certificate of Deposit Pemerintah.

(b) Anda membeli 1.000 lembar saham Alcoa dengan pertimbangan harganya masih murah, dividen tidak terlalu penting karena harga diperhitungkan akan segera naik dan mendapat keuntungan. Apabila dana masih ada maka akan membeli 2.000 lembar lagi. Pertimbangannya adalah perusahaan ini mempunyai shares outstanding 974 juta lembar dan transaksi harian mencapai 22 juta lembar saham, artinya sahamnya diminati masyarakat karena kinerja perusahaan cukup bagus.

(c) Tidak membeli saham perusahaan ini sama sekali, karena siapa yang mau bekerja di tambang dalam musim dingin Nopember 2009.

(d) Tidak membeli saham perusahaan ini, pertimbangan utamanya **EPS -2** dan yield **0.91%**.

4. Perusahaan pertambangan minyak dan gas bumi Mexoil Co. yang beroperasi di Teluk Meksiko pagi ini mendeklarasikan dividen $1.12 per lembar saham dan bahwa besok pagi Selasa tanggal 8 Desember 2009 saham akan ex-dividend. Harga saham cum-dividend adalah $39.04 per lembar. *Ceteris paribus,* sebagai analis saham yang handal Anda tahu persis bahwa esok hari harga saham Mexoil Co akan dibuka di bursa dengan harga:

(a) $37.92

(b) $39.04

(c) $40.16

(d) $41.28

Catatan: Ketajaman analisis atas hal-hal yang berdampak terhadap perubahan harga saham sangat membantu keberhasilan Anda dalam trading di bursa saham.

5. Seorang investor memiliki 3 ribu lembar saham AgriCorps yang shares outstanding-nya 300 ribu. Perusahaan mengumumkan total dividend senilai $100 ribu. Investor ini berhak menerima:

(a) 1% dividend

(b) $1,000. $\underline{00}$

(c) Jawaban **a** atau **b** sama-sama salah

(d) Jawaban **a** atau **b** sama-sama benar

6. Dalam jangka panjang Anda perlu mengetahui hak Anda sebagai pemegang saham. Diasumsikan Anda adalah "preferred stock holder" perusahaan AgriCorps. Perusahaan telah dua tahun berturut-turut TIDAK membayar dividend masing-masing $3. Tahun ini perusahaan merencanakan akan membayar dividend umum sebesar $3 per lembar saham. Berapakah hak Anda?:

(a) $9.$\underline{00}$

(b) $6.$\underline{00}$

(c) $3.$\underline{00}$

(d) Tidak ada, atau 0.

7. Masih tentang hak Anda dalam kepemilikan saham, dan ini dijamin Undang-Undang Penanaman Modal AS. Diasumsikan Anda memiliki 300 saham MexOil Co. Dalam suatu penawaran langsung atau right offering kepada pemegang saham terdaftar, perusahaan ini merencanakan mengeluarkan 400 ribu lembar saham baru, sehingga shares

outstanding-nya menjadi 2,400,000 (dua juta empat ratus ribu) lembar. Berhubung saham perusahaan ini menjadi incaran para investor baru sedangkan Anda adalah investor lama, berapa banyakkah jumlah lembar saham yang berhak Anda beli terlebih dahulu sebelum saham ditawarkan secara umum?

(a) 30

(c) 60

(b) 40

(d) 100

Catatan: Waspadailah hak Anda, terutama ketika memegang saham *blue chip*. Jangan biarkan investor lain atau siapapun jua merampas hak Anda manakala ada *right offering*.

8. Studi kasus nyata: dana talangan Pemerintah AS untuk Citibank, 2009 (1)

Pernahkan terpikir oleh kita bahwa bank sebesar Citibank yang sebelumnya senantiasa mengejar-ngejar orang di seluruh dunia agar berhutang karena telah kebanyakan duit, tiba-tiba kini memerlukan pinjaman dari Pemerintah AS?

Pertanyaannya ialah berapa banyak Citibank akhirnya menerima pinjaman uang tunai dari Pemerintah AS:

(a) $45 milyar

(b) $35 milyar

(c) $25 milyar

(d) $15 milyar

9. Studi kasus nyata: dana talangan Pemerintah AS untuk Citibank, 2009 (2)

   Citibank secara professional mengelola pinjaman ini dan dalam waktu yang sangat singkat dapat mengembalikan semua pinjaman tanpa ngemplang. Sebagian pinjaman dibayar tunai, dan sebagian dibayar dalam saham. Berapa uang tunai yang telah dikembalikan Citibank ke Pemerintah AS?

   (a) $20 milyar   (c) $10 milyar

   (b) $15 milyar   (c) $7.5 milyar

10. Studi kasus nyata: dana talangan Pemerintah AS untuk Citibank, 2009 (3)

    Berapa persen saham yang dijual Citibank ke Pemerintah AS sebagai pelunasan hutangnya?

    (a) 27 persen

    (b) 25persen

    (c) 22.5 persen

    (d) 20 persen

11. Studi kasus nyata: dana talangan Pemerintah AS untuk Citibank, 2009 (4)

    Berapa keuntungan Pemerintah AS dari kenaikan harga saham Citibank yang dimilikinya hanya dalam beberapa bulan saja?

    (a) Sekitar $12 milyar

    (b) Sekitar $10 milyar

    (c) Sekitar $8 milyar

    (d) Sekitar $6 milyar

    (Sumber: **USA Today**, Rabu 28 April 2010, halaman 1B, **The Plain Dealer** Senin 19 April 2010 halaman A5)

12. Studi kasus nyata: dana talangan Pemerintah AS untuk Citibank, 2009 (5)

    Berapa lembar seluruh saham Citibank yang dimiliki Pemerintah AS?

    (a) 12 milyar

    (b) 10 milyar

    (c) 8 milyar

    (d) 7.7 milyar

    (Sumber: **USA Today**, Rabu 28 April 2010, halaman 1B, **The Plain Dealer** Senin 19 April 2010 halaman A5)

13. Perusahaan publik yang menerima dana talangan Pemerintah AS dalam program Troubled Asset Relief Program (TARP, Program Penyehatan Aset Bermasalah) sebesar $700 Biliun sangat berpotensi menghasilkan uang untuk kita pemilik saham perusahaan tersebut karena:

    (a) harga saham cenderung naik

    (b) harga stabil dan tidak jatuh mendadak

    (c) butir (a) dan (b) salah

    (d) butir (a) dan (b) benar

14. Studi kasus nyata (1), Carut marut keuangan Negara Yunani 2010: apa antisipasi kita dalam bertransaksi di bursa NY?

Standard & Poor Rating Service, suatu lembaga penilai terkemuka di dunia baru saja melemparkan jurus mautnya: menurunkan rating hutang jangka panjang Pemerintah Yunani dari **BBB+** menjadi **BB+**. Hal ini sama saja dengan menempatkan surat utang yang dipegang para investor pada posisi sampah yang tidak berharga akibat menggunungnya hutang Pemerintah Yunani dan tidak ada jaminan bakal terbayar.

Sementara Pemerintah Yunani sibuk mencari hutangan ke International Monetary Fund (IMF) dan ke Negara-negara Eropa, di sisi lain para pemegang duit memberi iming-iming dapat meminjamkan uang mereka asal dengan imbalan 15% untuk pinjaman jangka pendek dua tahun. Bunga 7.5% per tahun di dunia keuangan internasional tidak pernah ada sebelumnya! Rupanya para cukong Eropa tahu mengambil kesempatan dalam kesempitan. (Sumber: **USA Today**, Rabu 28 April 2010, halaman 1B, dan berbagai sumber)

Pertanyaannya ialah: Apakah yang kita akan lakukan sebagai investor di bursa saham:

(a) Tidak perlu pusing dengan kondisi di Yunani yang nun jauh di Eropa sana. **Standard & Poor** sudah sering berulah memberikan rating asal-asalan di banyak Negara termasuk Indonesia saat krisis moneter 1998 yang lalu. Jadi jangan dipercaya, dan tidak akan ada dampak terhadap bursa NY.

(b) Krisis Yunani berdampak kepada turunnya harga saham di NY, alasan utamanya ialah "krisis keuangan di suatu Negara sering menular".

(c) Para investor di bursa NY segera melakukan hedging/pengamanan dengan membeli obligasi Pemerintah AS yang harganya relative stabil.

(d) Hanya butir (b) dan (c) di atas yang benar.

15. Kasus Yunani (2), Negara mana yang terseret kerepotan keuangan Yunani?

(a) Portugal   (c) Cekoslovakia

(b) Spanyol   (d) Swedia

16. Kasus Yunani (3), Bursa NY dan pasar dunia terkena getah, hal ini terbukti dengan terjadinya:

(a) Index Dow Jones turun 213,04 points menjadi 10.991,99

(b) Harga emas melambung $17 menjadi $1.170,50 setiap ounce

(c) Nilai mata uang Euro menjadi sedikit turun terhadap dollar AS

(d) Butir (a), (b) dan (c) di atas benar semua.

17. Kasus Goldman Sachs (1):

Dalam bulan April 2010 di saat masyarakat AS sedang mengalami sedikit lega karena situasi ekonomi sudah semakin baik, tiba-tiba mereka pada tanggal 16 April 2010 dikejutkan dengan pengumuman Pemerintah AS yang menuduh lembaga keuangan besar dunia Goldman Sachs berlaku curang terhadap investor. Pemerintah AS akan membawa kasus ini ke pengadilan Federal, ini adalah suatu tuduhan yang tidak main-main. Tentu saja Goldman Sachs menepis tuduhan ini, tetapi dampaknya di bursa saham telah terasa:

(a) Harga saham Goldman Sachs turun, dan harga saham perusahaan lain juga turun

(b) Dengan dibantahnya tuduhan ini maka masalah selesai

(c) Butir (a) dan (b) semuanya adalah benar

(d) Butir (a) dan (b) semuanya adalah salah

(Sumber: **USA Today**, Rabu 28 April 2010, halaman 1B, dan berbagai sumber lainnya)

18. Kasus Goldman Sachs (2): Selasa, 27 April 2010 **Goldman Sachs** dipanggil DPR AS untuk dengar pendapat sehubungan dengan tuduhan SEC (Bapepam-nya Pemerintah AS) bahwa perusahaan ini berlaku curang.

CEO **Lloyd Blankfein** berasama 3 orang eksekutif puncak Goldman Sachs datang menghadap dan siap menerima hujan kritik pedas serta pertanyaan tajam seputar mengapa perusahaan ini yang pernah menjadi perusahaan publik yang sahamnya paling banyak dijual di AS kini terpuruk mempunyai hutang kepada Pemerintah AS sebesar $10 milyar.

Adalah **Carl Levin** anggota Partai Demokrat dari Negara Bagian Michigan yang mempelopori penyelidikan atas krisis ekonomi AS melontarkan bola panas "Perusahaan Publik Goldman Sachs telah melakukan tindakan yang tidak dapat dibenarkan sama sekali (intolerable) yang telah menebarkan risiko ke seluruh ekonomi AS". Dampratan Levin ini dilampiri dengan bukti salinan email eksekutif perusahaan tahun 2006 yang entah bagaimana diperolehnya yang menyatakan bahwa salah satu produk jasa keuangan Goldman Sachs yang dipopulerkan dengan nama "Hudson Mezzanine" adalah produk yang tidak bernilai sama sekali (junk).

Pertanyaannya adalah (boleh ada lebih dari satu jawaban):

(a) Anda setuju bahwa kualitas wakil rakyat adalah seperti Carl Levin ini.

(b) Semua pihak telah melakukan kesalahan, seharusnya perusahaan tidak perlu diberi dana talangan (ingat talangan ke Bank Century yang merugikan Negara Rp. 6 triliun?); karena berbeda dengan Citibank, Goldman Sachs sampai dengan 2009 belum mengembalikan utangnya kepada Pemerintah AS.

(c) Terlepas apapun permasalahan saat ini, saham Goldman Sachs masih mempunyai prospek, jadi sebaiknya kita beli saja sekalipun untuk jangka pendek dan segera dijual pada saat harga naik.

(d) Mungkin Goldman Sachs mempunyai strategi tersendiri tetapi tidak diumumkan sehinga kita tidak perlu membeli sahamnya.

(Sumber: **USA Today**, Rabu 28 April 2010, halaman 1B, dan berbagai sumber lainnya)

19. Kasus Goldman Sachs (3):

Salah seorang eksekutif **Goldman Sachs, Fabrice Tourre** yang menghadap DPR AS menyatakan bahwa perusahaan tidak bersalah. Keterangan ini segera disambar oleh **Claire McCaskill** anggota Partai Demokrat dari Negara Bagian Missouri yang dari tadi telah gemas "Nampaknya perusahaan anda berjudi dengan permainan yang dimainkannya sendiri". McCaskill ingin menegaskan tudingan Bapepam-nya AS bahwa Goldman Sachs menjual produk jasa keuangan lalu bertaruh melalui *derivative trading* yang rumit bahwa harga akan jatuh, sehingga pasti mendapat untung: yakni manakala harga naik maka produknya tetap laku mendapat untung; sedangkan kalau harga turunpun tetap untung dari derivative dan produk itu sendiri!

Spesifikasi dan penjelasan *derivative trading* memang cukup rumit dan sering merugikan seperti terjadi di dunia keuangan. Beberapa contoh berikut kiranya cukup untuk menggentarkan siapapun yang masih berpikir bahwa "transaksi derivative lebih menguntungkan dibanding dengan saham".

Citic Pacific Ltd Hong Kong pada tahun 2009 mengalamai kerugian sebesar $2.4 milyar, PT. Indosat Tbk tahun 2007 rugi sekitar Rp. 653 milyar, Bank Exim tahun 1997/1998 menderita sebesar 6.6 triliun, Bank Duta tahun 1990 bobol sebesar $417 juta (Ingat kasus Dicky Iskandar Dinata? Sumber: http://www.koran-jakarta.com/berita-detail.php?id=4842); dan Baring Bank Plc suatu bank di London ambruk dan tutup tahun 1995 setelah merugi £827 juta setara $1.3 milyar, atau Rp. 13 triliun. (Sumber: http://en.wikipedia.org/wiki/Barings_Bank; dipersilakan melihat kembali Bab IV nomor 38).

Pilihan Anda?:

(a) Transaksi produk derivative dalam valuta asing dengan keuntungan atau kerugian tinggi dalam waktu singkat.

(b) Transaksi saham, meskipun tidak secepat derivative tetapi aman karena didukung oleh peraturan-perundangan yang jelas.

(c) Transaksi saham dapat menghasilkan keuntungan atau *capital gain* sebesar 6 – 70 persen dalam setahun apabila dilakukan dengan teliti dan hati-hati.

(d) Butir (b) dan (c) benar.

20. Kasus nyata lainnya: baru saja Pemerintahan Presiden Obama memberikan ijin penambangan minyak lepas pantai, tetapi pada akhir April 2010 satu unit pertambangan minyak lepas pantai meledak dan roboh serta menewaskan 11 karyawan dengan kerugian milyaran dollar. Apa dampaknya terhadap harga saham?

   (a) Harga saham perusahaan yang terkait dengan pertambangan minyak lepas pantai yang meledak tersebut turun

   (b) Harga saham perusahaan minyak lainnya justru berkesempatan naik (harga minyak mentah dunia naik menjadi sekitar $76 per barrel)

   (c) Butir (a) dan (b) semuanya adalah benar

   (d) Butir (a) dan (b) semuanya adalah salah

21. Perusahaan ZYX menyatakan pembagian dividen $0.12 per saham dengan **tanggal pencatatan** (record date) 12 Juni hari Senin. Saham perusahaan ini menjadi **ex-dividend** pada tanggal:

   (a) 6 Juni

(b) 7 Juni

(c) 8 Juni

(d) 12 Juni

22. Pada saat suatu perusahaan publik dinyatakan bangkrut dan terjadi likuidasi, maka pihak manakah yang secara hukum paling akhir dapat meminta (klaim) pembagian asset:

(a) Pemegang saham umum/biasa/common stock

(b) Pemegang saham istimewa/preferred stock

(c) Departemen Keuangan/Ditjen Pajak

(d) Pemegang saham konvertibel

23. Perusahaan ZYX telah menyatakan penjualan saham sebesar 10.000.000 (sepuluh juta) lembar. Sampai saat ini pelaksanaannya hanya 9.500.000 lembar, dan terakhir membeli kembali 300.000 lembar saham dari masyarakat. Secara hukum, berapa lembar saham yang **belum dikeluarkan** (unissued shares):

(a) 200.000   (c) 700.000

(b) 500.000   (d) 800.000

24. Perusahaan ZYX telah menyatakan penjualan saham sebesar 10.000.000 (sepuluh juta) lembar. Sampai saat ini pelaksanaannya hanya 9.500.000 lembar, dan terakhir membeli kembali 300.000 lembar saham dari masyarakat. Secara hukum, berapa lembar **shares outstanding-nya** (saham yang beredar):

    (a) 10.000.000

    (b) 9.800.000

    (c) 9.500.000

    (d) 9.200.000

25. Pertanyaan ini berkaitan dengan hak Anda sebagai pemilik sebagian saham Perusahaan DEF. Anda memliliki 3.000 lembar saham dari keseluruhan 300.000 saham perusahaan. Minggu lalu perusahaan mengumumkan pembagian dividen berupa stok/saham sebesar 5%. Berapa lembar saham tambahan yang akan Anda terima sebagi dividen?

    (a) 150 lembar

    (b) 500 lembar

    (c) 750 lembar

    (d) 1000 lembar

26. Pertanyaan ini berkaitan dengan hak Anda sebagai pemilik sebagian saham Perusahaan terkenal EFG. Seluruh sahamnya ada 1.000.000 lembar, dan akan mengeluarkan saham baru sejumlah 200.000 lembar. Anda memliliki 1.000 lembar saham dan masih ingin membeli lagi 100 lembar lagi. Mengacu kepada aturan dasar **"satu saham satu hak"**, maka berapa hak yang Anda perlukan untuk membeli 100 lembar dari 200.000 saham baru tersebut?

  (a) 100

  (b) 200

  (c) 500

  (d) 1.000

27. Kasus Goldman Sachs (4):

  Perkembangan terakhir kasus tuduhan SEC (Bapepam-nya AS) terhadap Goldman Sachs yang dipersalahkan telah melakukan "fraud" (akal-akalan) adalah persetujuan perusahaan untuk membayar denda sebesar 550 juta dollar kepada Pemerintah AS per 15 Juli 2010.

Hal ini telah menepis tudingan bahwa Pemerintah AS terlalu bersikap lunak terhadap perusahaan publik, meskipun demikian masih ada pihak yang penasaran bahwa denda sebesar Rp. 4.950.000.000.000,- ini terlalu ringan bagi Goldman Sachs. Dengan penyelesaian di luar pengadilan ini sebenarnya secara tidak langsung tersirat sesuatu:

(a) Goldman Sachs mengaku bersalah

(b) Goldman Sachs menghindari sidang pengadilan yang melelahkan, menguras tenaga dan dana

(c) Masyarakat merasa puas bahwa Pemerintah telah bertindak tepat: Pemerintah yang mengatur perusahaan dan bukan perusahaan yang mengatur Pemerintah

(d) Jawaban a, b dan c benar semua

28. Jam berapa Bursa Wall Street dibuka dan ditutup:

(a) 09:00 – 15:00   (c) 09:30 - 16:00

(b) 09:30 – 15:30   (d) 10:00 - 17:00

29. Sebutkan nama perusahaan pialang (broker) saham di AS yang anda dapat melakukan transaksi di Wall Street melalui lamannya :

(a) ------------   (c) ------------

(b) ------------   (d) ------------

30. Apa nama perusahaan public Indonesia yang menjual sahamnya di Wall Street:

(a) PT. Agri, Tbk

(b) Bank Century, Tbk

(c) PT. Tanaka, Tbk

(d) PT. Telekomunikasi Indonesia, Tbk

Berapapun skor Anda atas jawaban soal-soal di atas, senantiasalah mengikuti informasi terkini tentang trading melalui laman broker resmi, agar Anda memperoleh keuntungan.

Disclaimer: Penulis bukan broker, tetapi pelaku investasi saham di bursa New York melalui broker resmi yang telah disahkan oleh otoritas moneter AS. Dalam force majeur beberapa kondisi tidak dapat diberlakukan. Penulis tidak menjual saham kepada Anda, juga tidak membeli saham dari anda; hanya menujukkan bagaimana caranya memperoleh pendapatan dengan cara halal melalui bursa seperti yang telah dilakukan beberapa tahun. Penulis juga tidak menyarankan membeli atau tidak membeli, menjual atau tidak menjual saham apapun. Tujuan utama adalah membekali Anda ilmu pengetahuan praktis yang berguna di dunia investasi saham di bursa manapun karena isi buku ini berlaku universal dalam dunia bursa saham. Semua hasil investasi Anda berdasarkan pengetahuan yang diperoleh dari buku ini adalah mutlak milik Anda semua.

REFERENSI

Bahan-bahan Ujian Negara Pialang Saham AS terbitan McMillan

http://en.wikipedia.org/wiki/Barings_Bank

http://www.koran-jakarta.com/berita-detail.php?id=4842

Koran Akhbar el-Khaleej

Koran Financial Times

Koran Investor's Business Daily

Koran Suara Merdeka

Koran The Plain Dealer

Koran USA Today

Michael O'Brien, "John F. Kennedy", Thomas Dunne Books, St. Martin's Press, NY 2005

Majalah Forbes

Majalah NEWSWEEK

Majalah The Economist

Majalah TIMES

Radio BBC

Radio NPR

Saluran Televisi MSNBC-TV

tempointeraktif.com

INDEX

PANDUAN INVESTASI DI
WALLSTREET

ISBN 978-0-9892988-3-4

Sebuah buku luar biasa yang ditulis berdasarkan pengalaman penulisnya sendiri dalam memperoleh pendapatan relatif tinggi dalam waktu singkat dengan melakukan jual-beli saham di bursa New York.

LEMBAR JAWABAN HAPPY QUIZ

Lingkarilah salah satu jawaban yang paling benar, contoh 1. ©

1.	A B C D				16.	A B C D		
2.	A B C D				17.	A B C D		
3.	A B C D				18.	A B C D		
4.	A B C D				19.	A B C D		
5.	A B C D				20.	A B C D		
6.	A B C D				21.	A B C D		
7.	A B C D				22.	A B C D		
8.	A B C D				23.	A B C D		
9.	A B C D				24.	A B C D		
10.	A B C D				25.	A B C D		
11.	A B C D				26.	A B C D		
12.	A B C D				27.	A B C D		
13.	A B C D				28.	A B C D		
14.	A B C D				29.	A B C D		
15.	A B C D				30.	A B C D		

Bar code
Tanda tangan pengarang
Batas akhir penyerahan

About the Author

Abdul Rahman Bahry wrote some books and magazine article in different subjects. He wrote *"Jadzab"* on TEMPO Magazine (tempointeraktif.com), Jakarta Indonesia, June 2000; *"Local Area Network"* ISBN 979.537.136.3, and *"Jihad: A Struggle or Terrorism?"* ISBN 978-0-9892988-2-7.

His groundbreaking book *"Jihad: A Struggle or Terrorism?"* which was initially published in 2003, 10 years later in July 2013 it is published in a special edition with up-to-date information. His later book is *"John F. Kennedy's Nuclear War"* (May 2013), US Library of Congress Control Number: 2013902914, and ISBN 978-0-9892988-0-3. In this book he details the sophisticated trick to assassinate JFK 50 years ago.

Now, his book "Panduan Investasi di WallStreet" is published as a main guidance to invest in WallStreet for those eligible. This book is a result of his experience of investing money in Wall Street. This book is written in Indonesian-Malayan languange especially for Indonesian-Malaysian American community who lived in USA.